写真が語るアイヌの近代

「見せる」「見られる」のはざま

大坂　拓　著

新泉社

［口絵1］ 1902（明治35）年に函館工業館が発行した写真集『北海道土人風俗画』（12枚組）収録。1903（明治36）年にほぼ同じ体裁で函館の小島大盛堂が発行した写真集『蝦夷土産　土人写真画』にも収録されている。「熊祭り」に集まった人びとという説明が加えられているが、服装や周囲の植生から推定される季節とは一致しない。（筆者蔵）

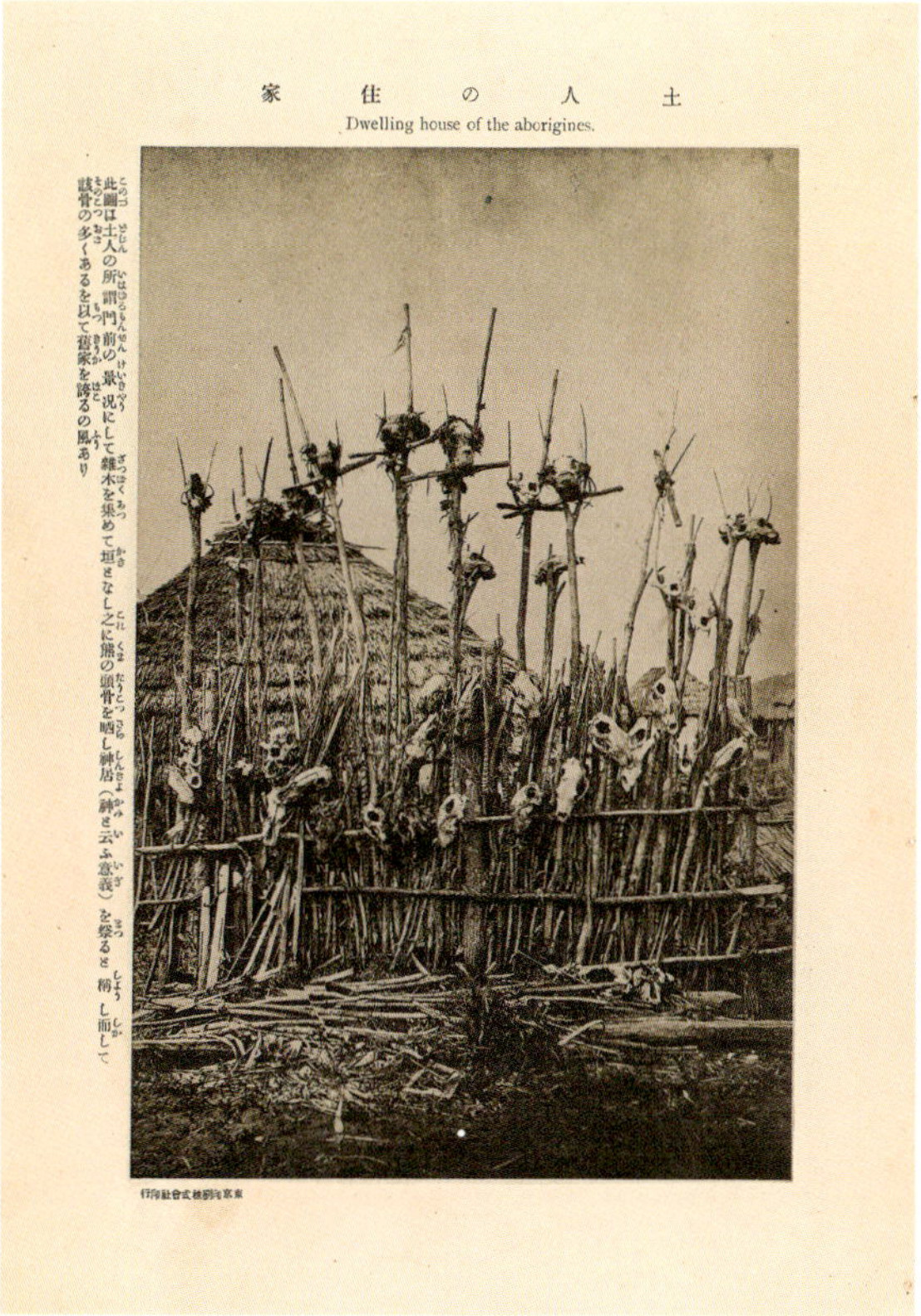

[口絵2] 同じく『北海道土人風俗画』収録の1枚。小島大盛堂の『蝦夷土産　土人写真画』のほか、1903（明治36）年に大阪で開催された第5回内国勧業博覧会に際し、「人類館」が発行した写真集『北海道土人風俗画』にも収録されている。この写真は1880年代に来日した外国人研究者が持ち帰っている事例があり、撮影年代がさかのぼることは確実である。（筆者蔵）

圖る け 向 手 に 居 神 を 酒 女 男 の 人 土

A pair of Aino offering the beverage to their Kamui or gods.

此圖《このづ》は男女《なんによ》盛裝《せいそう》して酒《さけ》を神居《じんきよ》（神と云ふ意）に手向《たむ》けんとするの有様《ありさま》なり女《をんな》の首飾《くびかざ》りは靑色《せいしよく》の硝子玉《がらすだま》を連《つら》ねたる此社會《このしやくわい》には此上《このうへ》もなき珍重品《ちんちやうひん》にして樺太玉《かばふとだま》と稱《とな》へ之《これ》に刀《かたな》の鍔《つば》を連ねたるものなり案《あん》ずるに樺太玉《かばふとだま》は支那地方《しなちはう》より貿易品《ぼうえきひん》として盛《さか》んに樺太方面《かばふとはうめん》へ出《いだ》したるものにして此《こ》の名《な》あり後《の》ち轉々《てんてん》して北海道內地《ほくかいだうないち》へ輸入《ゆにふ》せられしものと見《み》ゆるなり

[口絵3]　これも『北海道土人風俗画』収録の１枚。女性は口絵１中央に立つ人物と同一で、服装も同じである。同じ場所で男性のみがポーズをとったもの、口絵１右から２人目の女性が立つものなど、連続して撮影された写真が多数確認できる。文中の「神居」には「じんきょ」とルビが振られているが、本来はアイヌ語のカムイ（神）を意図したものであろう。（筆者蔵）

[口絵4]　樹皮布の織機を構えた女性の絵葉書。表面の下端に「函館大盛堂製」と印刷されており、3分の1が通信欄となっていることから、小島大盛堂が1907（明治40）年から1918（大正7）年の間に発行したものとわかる。連続して撮影されたと考えられる写真が多数のこされており、それらは1890年代前半には流通していたことがわかっている。（筆者蔵）

[口絵5]　落部村の弁開凧次郎の姿をとらえた写真。1900（明治33）年に皇太子成婚を祝して子熊を献上するため上京する途上で撮影されたものと推測されている。この写真をもとにしたイラストが1903（明治36）年から使用された第一期国定地理教科書『小学地理』などさまざまな刊行物に掲載され、アイヌの姿として日本社会に広く知られた。弁開の晩年まで、同じポーズの写真がくり返し撮影された。（函館市中央図書館蔵）

［口絵6］ **上**／函館の松吉絵葉書店が発行した写真絵葉書『函館毎日新聞社主催アイヌ熊祭ノ実況』収録の１枚。1912（大正元）年12月15日に長万部村で開催された「熊祭観覧会」のようすを撮影したもの。（筆者蔵）　**下**／上と同じ儀礼を撮影した写真。座っている男性の前にはそれぞれ弓と儀礼用の矢が置かれていることから、広場で熊を遊ばせ、儀礼用の矢を射かける場面とわかる。（函館市中央図書館蔵）

[口絵7] 上／長万部のヌカシケンル保存会が発行した写真絵葉書『アイヌ古代風俗　ヌカシケンル（祖先の尊き家）絵葉書』収録の１枚。右から司馬力彌、三荊栄助。（国立民族学博物館蔵）　下／ 1935（昭和10）年10月13日にヌカシケンルを訪問した余市の旅行団との記念撮影。前列左から４人目は司馬力彌、右から３人目は三荊栄助。最後列の一際高い位置に立つのは小倉範三郎。（北海道博物館蔵）

写真が語るアイヌの近代——「見せる」「見られる」のはざま

目次

第4章

「見せる」と「見られる」のはざま

一九一〇年代の三度の熊送り …… 91

第5章

押し寄せる旅行者と観光地化をめぐる葛藤

一九二〇～四〇年代

エピローグ

終わることのない「アイヌ史」……153

写真が語るアイヌの近代

「見せる」「見られる」のはざま

プロローグ

写された側の歴史へ

「アイヌ風俗写真」の誕生

維新を翌年に控えた一八六七年七月（慶応三年六月）、箱館港に停泊していたイギリス軍艦サーペント号の乗員フレドリック・ウィリアム・サットン（一八三二〜一八八三）が、同地でアイヌの一行を数枚の写真に収めた［図1］。撮影の場を設定したのは、当時箱館を拠点として貿易商を営んでいたイギリス人トーマス・ライト・ブラキストン（一八三二〜一八九一）で、彼はのちに被写体となったアイヌ数人と石狩川の下流域で偶然再会し、そのうち一人が「サッポロ（札幌）のアイヌの首長（chief of the Satsporo Ainos）」であることを知ったと書きのこしている。[*1] アイヌはいずれも華やかな絹の打

[図1]　２人のアイヌと引率者と推定される和人。
（日本カメラ博物館蔵）

ち掛けの上に陣羽織をまとった盛装であることから、数年に一度の謁見礼「御目見得《おめみえ》」のために和人《わじん》に引きつれられ遠く石狩から奉行所がある箱館を訪れていたところを、撮影のために呼びとめられたものと見られる。これがアイヌの姿をとらえた写真として現在知られているもののうち、時と場所が詳細に明らかにされている最古の資料である。[*2]

このころ、ヨーロッパ諸国では進化論の流行により「人種」への関心が高まり、世界各地で関連資料の収集が進められていた。[*3]そうした中、一八六五（慶応元）年には箱館駐在のイギリス領事館員らが郊外の森村と落部《おとしべ》村でアイヌの墓地を暴き、計一七体の遺骨を持ち去るという事件を引き起こしていた。[*4]サットンが短い滞在期間中にアイヌを撮影することとなったのも、こうした人類学的な視線と無縁のものではなかっただろう。このとき撮影された写真は、横浜に住んでいたイギリス人写真家フェリーチェ・ベアト（一八二八〜一九〇九）の手にもわたり、うち一枚はベアトが刊行した写真集『日本の風景』（Views of Japan）に「アイヌの首長たち」（Aino Chiefs）と題して収められ、広く世界に知られるところとなった。

明治をむかえ函館と名を改められたこの地では、幕末にロシア人から写真の技術を習得していた田本研造（一八三二〜一九一二）、その弟子井田侾吉《こうきち》（一八四五〜一九一一）らが写真館をひらく。彼らが手がけたアイヌを被写体とする写真は、和人がそれまで「化外《けがい》の民」の姿を伝えるものとして好んできた「アイヌ風俗画」を美術の分野に追いやり、とって代わった[*5]［図2］。一九世紀後半から二〇世紀初頭にかけて日本を訪れた数多くの外国人旅行者や研究者も、こうした写真を入手し本国に持ち帰っている。

その後、印刷技術の発達にともない写真集が普及し、一九〇〇（明治三三）年には私製葉書の発行が許可され、写真絵葉書が手軽かつ高精細の印刷物として高い人気を博すようになる。流行に乗った北海道各地の写真館や書店がアイヌを題材としたものを次々に製作し、「アイヌ風俗」、「土人《どじん》風俗」などの名を付して流通させていった［図3］。この時代、帝国日本の国策により本州以南からの移民導入が強力に推しすすめられたことにより、幕末にわずか六万人にすぎなかった北海道の人口は急増し、一九〇一（明治三四）年に一〇〇万人、一九一七（大正六）年に二〇〇万人、一九三五（昭和一〇）年に三〇〇万人を突破する。[*6] 約二万人のアイヌは先祖伝来の土地に住みながらにして圧倒的な少数者となり、政策による圧迫と和人移民による激しい人種差別にさらされていった。一九世紀末以降、アイヌを生存競争に敗れた「滅びゆく民族」とみなす言説が広まる中で、旅行者はその姿を一目見ようと集落に足をはこび、研究者は消滅の瀬戸際にあるとされた「固有の習俗」を記録するようになる。アイヌの姿を収めた写真や絵葉書は、北海道の「珍奇」な土産物として定番商品の一つとなったのみならず、学術研究の「標本」としても珍重され、ときには学校教科書にも引用されて、日本社会におけるアイヌのイメージを形づくっていった。本書では、これらアイヌを題材とした写真や写真絵葉書を「アイヌ風俗写真」と総称することとする。

[図2] 家屋のかたわらに座る男女。背後の祭壇は口絵2に写るものと同一である。祀られた熊の頭骨が家と反対側に向けられているのは、噴火湾沿岸地域の特徴である。家屋の構造から、この写真が裏焼きであることがわかる。(北海道大学附属図書館蔵)

[図3/左頁] 小島大盛堂が発行した写真絵葉書の一例。袋に記された「12.25」は12枚組、定価25銭であることを示す。同社の出版図書目録によれば、1907(明治40)年に『北海道土人風俗絵端書』、1910(明治43)年に『北海道土人風俗絵葉書』第一集、第二集が販売されていた。袋の記載やセットの内容が一部異なるものがあり、長期間にわたってアレンジを加えながら販売されていたことがわかる。下は口絵4と連続して撮影された写真が使用されている。(函館市中央図書館蔵)

CUSTOMS OF HOKKAIDO TRIBE.　北海道土人風俗 第二輯 (6)

再生産され続けるアイヌのイメージと課題

こうして生み出された「アイヌ風俗写真」は現在、国内外の博物館や図書館、愛好家のコレクションの中に膨大な量がのこされており、アイヌの姿を示すものとしてくり返し引用され、漫画などの創作物の中にも、それらを参考に描かれたものをしばしば目にする。アイヌのイメージは世紀を越え、今も再生産され続けているのだ。

しかし、当然のことながらそれらの写真は被写体となった人びとの暮らしを「ありのまま」にとらえたものではなく、慎重な取り扱いが必要とされる。近年では、おもに写真史の分野において、過去に「文明」を自認する側の人びとが「未開」、「野蛮」とみなした人びとに対し向けた「まなざし」に関する批判的な考察が数多くなされるようになり、対象の一つとして「アイヌ風俗写真」に言及したものもなくはない。ただし、それらの研究の主要な関心はあくまでも「写した側」、「まなざした側」の営為にあり、「写された側」、「まなざされた側」であったアイヌの状況については、いずれも瞥見《べっけん》の域を出ていない。他方、歴史学や文化人類学の分野では、これまで「アイヌ風俗写真」の資料的な可能性を指摘する声こそあったものの[*7]、実際にそれらを対象とした研究はきわめて乏しく、むしろ十分な検証がなされないまま漫然と利用される状況が続いてきたといっていい。の

こされた「アイヌ風俗写真」にオリエンタリズム、エキゾチシズムといった「写した側」の限界を見いだすことはむずかしくないが、そのような紋切り型の批判にとどまることなく、「写された側」にいたアイヌの歴史に目を向けた読み取りの深化が求められている。

これまで「アイヌ風俗写真」を対象とした研究が進展してこなかった背景にはいくつかの理由があるが、しばしば指摘されてきた点として、のこされている資料の多くが基礎的なデータを欠いていることが挙げられる。冒頭で紹介した事例のように、ある程度の検討が積み重ねられ、撮影の経緯が詳細に明らかにされているものは、実のところまだまだ例外的である。そもそも「アイヌ風俗写真」が撮影された当時、「アイヌ風俗」はわずかに残存している「古代風俗」とみなされていたため、それが具体的にいつ撮影されたものかなどは、ほとんど問題にされることもなかった。のこされた資料から何らかの歴史的事実を導き出そうとするならば、まずは資料の相互比較や各種の記録との照合によって、撮影された時と場所を一つひとつ絞りこんでいかなければならない。これはいわば、時間軸と空間軸を欠いた「固有の習俗」の「標本」として切り取られた写真を、改めて正確な座標に置き直していく作業だ。

研究が進んでいないもう一つの理由は、そこに写されているものの「真正」さに深い疑いの目が向けられてきたことにある。実際のところ、とくに二〇世紀以降に発行された「アイヌ風俗写真」には、観光地で活動した著名な人物を被写体としたものも多く、そうしたもののおおまかな年代や場所の特定はさほどむずかしくない。しかし、それらは撮影のためのポーズ、あるいは「俗化」した観光地や興行の場での「見世物」にすぎないとみなされ、「日常生活ではない」、「現実の姿を写したとは言えない」などとして、まがい物のように扱われてきた。[*8] 端的に言って、まともな研究には値しないと考えられてきたのだ。

そうした見方に立てば、のこされた道はより古い時代の、より奥地の、変容以前の「プリミティブ」な姿をとらえた資料を探求するほかなくなってしまう。しかしながら、世界のあらゆる文化と同様に、アイヌの文化もまた歴史の中で絶え間ない変化を経験してきた。たしかに、のこされている「アイヌ風俗写真」の多くは観光地や興行の場でカメラを前にポーズをとったものであり、明らかに過度な演出が加えられたものも少なくないが、観光業や興行への従事もまた、近代以降におけるアイヌの歴史の一つの側面にほかならない。それらも「日常」の一端であり、「現実の姿」の一部なのだ。重要なのは、アイヌがいかなる状況の下でそうした写真に収められていったのかを明らかにしていくことだろう。ただし、この問題には「アイヌ風俗写真」のみを分析対象としていては決して解決できない領域がある。のこされているのは撮影者が興味を惹かれた特定の側面——すなわちいかにも「アイヌらしい」と見て取ったもの、あるいは意外性を見出したもの——が切り取られた結果であり、そこから外れるものは最初から被写体として選ばれていない。アイヌのうちどの地域の、どのような人びとの、どのような側面が写真に収められたのか。それを知るためには、何が写されたのかということと同様、あるいはそれ以上に、何が写されなかったのかに十分な注意を払わなければならない。

「アイヌ風俗写真」を歴史につなぎ直す

本書では「アイヌ風俗写真」が撮影された時と場所を特定し、被写体となったアイヌがどのような状況に置かれていたのかを時代を追って読み解いていく。それは一枚一枚の写真に丁寧な注釈を付していくことにより、生きながらにして「滅びゆく民族」の「標本」として扱われ、尊厳を奪われた人びとを歴史の中につなぎ直していく作業ともいえる。

軸とするのは、北海道南部の渡島《おしま》半島、とくに噴火湾（内浦湾《うちうらわん》）の沿岸である［図4］。このようにある程度地域を絞るのは、一つにはかぎられた紙幅で膨大な資料群を扱うことが困難だということもあるが、近代のアイヌが置かれていた状況には地域差がきわめて大きく、精度の高い記述をおこなうためにはそれぞれの地域に即した検討が不可欠だからである。なかでも噴火湾沿岸という地域を選択した理由は、近代初頭の時点で北海道一の大都市だった函館と至近の距離に位置することにかかわっている。函館は国内でいちはやく写真館が開かれた日本写真史の出発点の一つであるとともに、書店や文具店、新聞社などが数多く存在していたため、周辺に暮らしたアイヌに関する資料が豊富にのこされている。これほどの高い密度で近代全体をカバーする情報が得られる地域は、決して多くはない。

こうしたアプローチをとる本書は、写真を切り口とした噴火湾沿岸に生きたアイヌの近代史という側面も帯びる。それは、これまで多くの概説書に記されてきたような「伝統文化」の単なる紹介

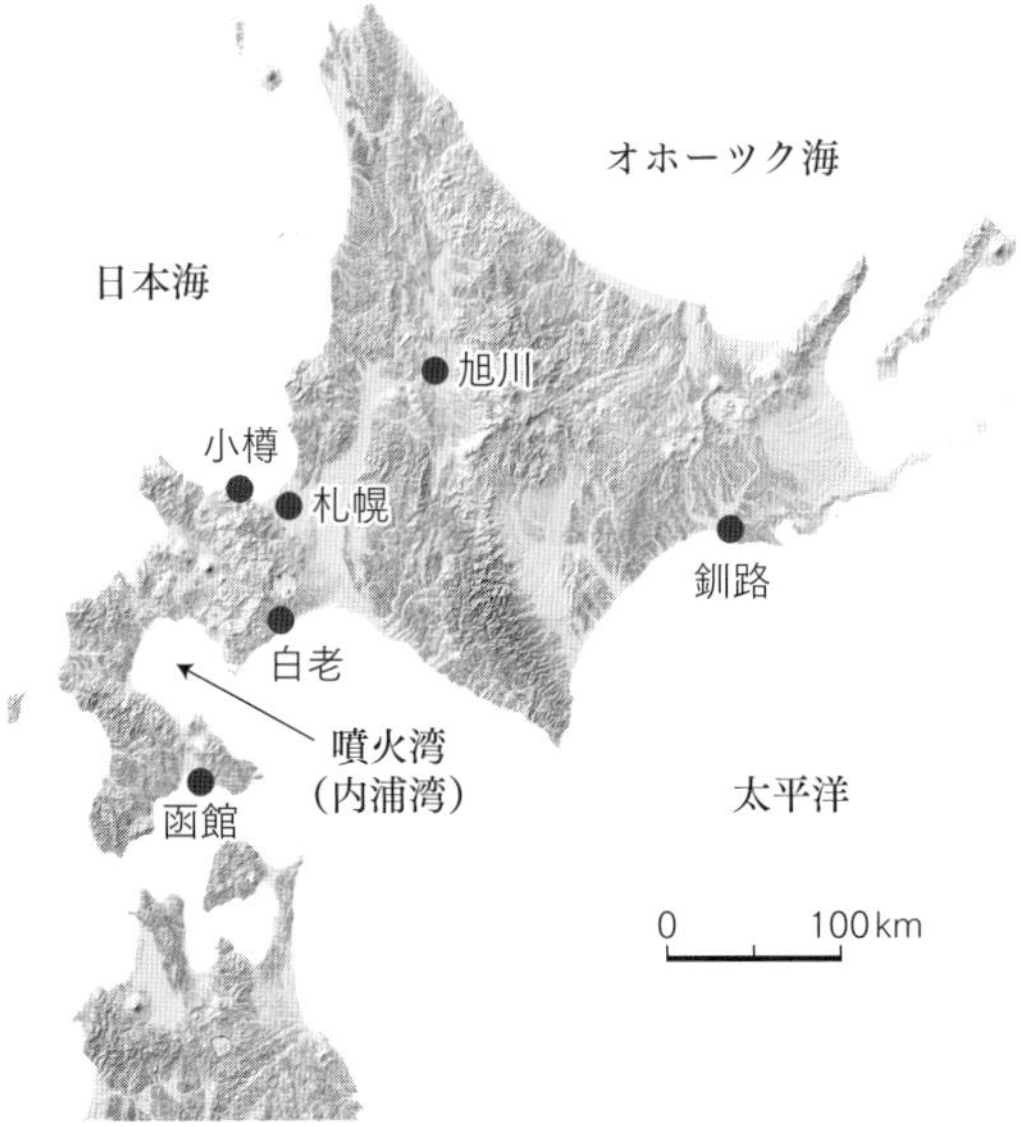

［図4］ 噴火湾の位置

や、二〇世紀後半からもてはやされてきた「自然と共生する人びと」といった幻想をくり返すものではない。ましてや、「滅びゆく民族」の「衰亡史」、「哀史」をくり返すものでもない。近代という時代のなかできわめて苛酷な状況に追いこまれながら歴史をつないできたアイヌの姿を、さまざまな資・史料に即して冷静に跡付けようとするものである。

本書では数多くの写真資料を扱うが、明らかに被写体の尊厳を損なうものはあらかじめ対象から除外している。また、被写体となったアイヌの氏名については、すでに町村史や先行研究によって広く知られている人物のみを記した。一方、引用文中に頻出する「土人」や「旧土人」といった差別的な単語や、明らかにアイヌを蔑視した表現については、歴史資料としての性格に鑑みてあえてそのままとした。そうした記述の数々は、日本社会のマジョリティである和人が、かつてアイヌにどのような態度で向き合ってきたのかを示す動かぬ証拠である。将来へ向けた教訓としてとらえていただければと思う。

第1章

最古級の写真群

一九世紀後半

最古級の写真

一人の女性がカメラに視線を向けて座っている[図5]。衣服に施された文様と、両耳に下げられた大きなピアスが目を引く。目を凝らすと、口元にはかつてアイヌにとって成人女性の証であった入墨がうっすらと見えている。「アイヌのミノ織」というタイトルが付されているが、実際はミノ(蓑)織りではなく、編み台に経糸《たていと》を巻き付けた石をセットし、敷物の茣蓙《ござ》を編んでいる姿だ。

この写真は近代アイヌ語、アイヌ文学研究の創始者として知られる金田一京助(一八八二〜

一九七二）が集めた絵葉書のうちの一枚だが、金田一がいつどこで入手したかといった情報は失われている。絵葉書は年代によって宛名面の様式に違いがあることが知られている。[*1] この資料の場合には表面の下半分が通信欄で、上部の記載は「郵便はかき」となっていることから、一九一八（大正七）年から一九三三（昭和八）年の間に発行されたものとわかる。ただし、この方法で明らかになるのはあくまでも絵葉書が印刷、発行された年代であり、それが素材となった写真の撮影年代と一致する保証はない。

図5と構図が一致し、連続して撮影されたものと考えられる写真が函館市中央図書館に所蔵されていた【図6】。手元を見ると図5とは経糸を巻き付けた石の位置が変わっていることから、この女性が単にポーズをとっていたのではなく、実際に莫蓙を編んで見せていたことがわかる。[*2] 背後には、家屋の窓から外のようすをながめる若い女性の姿が見えている。この写真については井田侾吉が一八七七（明治一〇）年ごろに撮影したものと推定する意見もあるが、[*3] 定かではない。

これとまったく同一の写真が、アメリカの人類学者ロミン・ヒッチコック（一八五一〜一九二三）が一八九一（明治二四）年に発表した報告『The Ainos of Yezo, Japan』（エゾ地のアイヌ）の中に、「Aino Woman making a Mat」（敷物を編むアイヌの女性）として掲載されていた。ヒッチコックは一八八七（明治二〇）年から二年間日本に滞在し、一八八八（明治二一）年には調査のため北海道を訪れているから、写真はその間に入手した可能性が高い。さらにさかのぼる可能性はのこるものの、さしあた

[図5]　莫蓙を編む女性。無地の布で髪をしばり、刺繍が施された木綿衣を着ている。画像は不鮮明で写されている範囲も狭いため、この１枚のみから撮影された状況を詳しく読み取ることはむずかしい。（北海道立図書館蔵）

[図6] 図5に比べて構図が広くとられているため、背後に垂れ下がる莚が家屋の南側に設けられた窓の覆いの一部で、女性が座る場所が屋外だったことがわかる。当時の撮影機材では暗い屋内で鮮明な写真を得ることがむずかしかったため、屋外で作業するよう求めた可能性もある。(函館市中央図書館蔵)

りヒッチコックの日本滞在期間を下限として、図5、6の撮影時期を一八八〇年代以前と考えておくこととする。冒頭の絵葉書は、三〇～五〇年ほど前に撮影された写真を使いまわして製作されたものだったということになる。

函館市中央図書館には、図6と連番の写真が二枚のこされている。うち一枚［図7］は背後に写る家屋や窓際に下がる莚《むしろ》などの状態が図6と完全に一致しており、連続して撮影されたものであることは間違いない。女性は図6の窓際に立っていたのと同じ人物であり、刺繍が施された衣服に着替え、首飾りを下げて被写体となったようだ。もう一枚［図8］には、男性が図7の女性と同じ着物を着用した姿が写っている。ヒッチコックの報告には同じ場所に別の女性が座ったものも掲載されており、[*4]構図を変えつつ次々と人物を撮影していったことがわかる。同じ衣服を異なる人物が着用している事例があるのは、撮影者が文様の乏しい普段着ではなく「アイヌらしい」ものに着替えるようながしたか、被写体となった人物がみずから華やかな衣服での撮影を望んだか、あるいは双方の意思が一致した結果だろう。

撮影地を絞りこむ

これらが撮影された場所を明らかにする鍵は、図9の絵葉書に使用された写真にあった。家屋の

[図7] 屋外に敷いた茣蓙の上に座る女性。無地の布で髪をしばり、刺繍が施された木綿衣の上には首飾りを下げている。耳元に見える布は、金属製のピアスに取り付けた飾り布であろう。(函館市中央図書館蔵)

[図8]　屋外に敷いた花茣蓙の上でポーズをとる男性。ほぼ同一の構図で撮影された写真が複数のこされており、そのうちの1枚は1910（明治43）年から使用された第二期国定教科書『尋常小学読本』巻10、第22課「あいぬの風俗」の挿図のもととなった。（函館市中央図書館蔵）

[図9]　祭壇のかたわらに整列する11名の男女。坪井正五郎の聞き取りに、後列右から「イタツクサマジ」、「クサン」、「シマト」、「ドンカロ」、前列右から「ママス」、「カリマ」、「リイドキ」、「リイドム」、「サワ」、「シミ」という10名の名が記録されている。（函館市中央図書館蔵）

かたわらに設けられた祭壇を背景として、粗い莚を敷いた上に着飾った一一名の男女が座っており、左側には行器《ほかい》、お膳、盃《さかずき》など儀礼用の漆器類が置かれている。「アイヌの熊祭」というタイトルが付されているが、通常は真冬におこなわれる「熊祭」の写真にしては人びとは薄着で、雪も積もっていないなど不審な点が多い。同じ写真を用いたほかの印刷物には、「祝祭日男女宴会の図」や「神籬《ひもろぎ》の前に座せるアイヌの男女」などのタイトルが付されているものがあるから、「熊祭」は事実ではないだろう。

それはさておき、ここで中央に座っている若い女性は明らかに図7と同一人物である。この写真については一九〇〇（明治三三）年六月に人類学者の坪井正五郎（一八六三〜一九一三）が聞き取り調査をおこない、その結果を『世界風俗写真帖』に記している。[*5] それによれば、ここに写っているのは茅部《かやべ》郡落部村、（現在の二海《にかい》郡八雲《やくも》町落部）の人びとであり、聞き取りの時点ですでに男性は全員死去していたという。

後列右端に座る男性は「イタックサマジ」という「此の部落の酋長」だったという。一八七六（明治九）年六月に作成された落部村の居住者名簿をみると、「イタキサン事《こと》板木《いたき》三松《さんまつ》」の名が確認できる。[*6] 和名の三松が日本語東北方言の影響を強く受けたこの地域の言葉で「さまず」と発音されたものを、坪井がアイヌ名と思いこんで書きとめたのだろう。名簿には当時四八歳と記されているから、一八二八（文政一一）年前後の生まれである。一八六五（慶応元）年にイギリス領事らが落部村でアイヌ人骨盗掘事件を起こした際には、抗議のため箱館奉行所に訴え出た一人としても記録されている。[*7] イタキサンの隣に座る男性の名は「クサン」とされている。先述の居住者名簿には「クウサン事《こと》板切《いたきり》卯《う》三郎《さぶろう》」五一歳の名が記載されており、同一人物とみられる。クウサンとイタキサンはともに、一八七九（明治一二）年夏に開拓使に雇用され函館近郊で熊や狼の駆除に従事した記録がのこされており、[*8] 熟練したハンターとしての実力も備えた人物だったことが知られる。彼らは長い髭をたくわえた伝統的な容姿をしていたことが、被写体として選ばれる理由となっただろう。

前列中央に座る若い女性はリイドキという名で、和人の両親のもとに生まれたが幼少期からアイヌの家庭で育てられ、「殆《ほとんど》、アイヌと区別し難《がた》き」にいたった人物だという。リイドキはこのほかにもたくさんの写真がのこされている。図10は一九〇二（明治三五）年に函館工業館が発行した写真集『北海道土人風俗画』に収録されたもので、頭髪をしばる布や襟元にのぞく布の柄が一致していることから、図9と連続して撮影されたものと推定される。鮮やかな文様が施された木綿衣は、図9ではイタキサンが着用していたものだ。かつてのアイヌ社会では男性の年長者が尊重され、若い女性がそうした人びとを差し置いて華やかな文様の晴れ着を着用したり、重要な座につくことは避けられる傾向が強かった。にもかかわらずリイドキが集合写真の中心に座らされたり、とくに選ばれて華やかに着飾った写真が数多くのこされたのは、図10に添えられた「此図は土人中にては稍《やや》美人に近きもの礼装して単座せしものなり」という一文が端的に示しているように、その容姿が当時

[図10]　口絵1～3と同じく、函館工業館が1902（明治35）年に発行した写真集『北海道土人風俗画』に収録されたもの。「アイヌ風俗写真」にはこのように若い女性を題材としたものがしばしばみられる。そこに植民地支配下の女性に向けられた宗主国男性の性的消費の眼差しを見出すことは容易だろう。（筆者蔵）

の和人社会の美意識に合致し、商品として「売れる」写真になると判断されたためだったろう。

切り取られた風景

図11〜13は、背景となった家屋と人びとの服装の一致から、一軒の家屋の前で連続して撮影されたことが明らかである。これらも通例にもれず撮影年代や場所に関する記録はともなっていないが、図9との比較により、図11の前列右端はイタキサン、右から三人目はクウサン、図12の前列右端はリイドキであることが判明し、一九世紀後半に落部村で撮影されたものと考えることができる。ここまで紹介してきた一連の写真が、噴火湾沿岸の集落でそこに居住するアイヌが撮影されたものとして現在までに判明している最古級の一群であり、かつ地理的にも最南端のものである。[*9]

当時この地域を管轄していた開拓使函館支庁が作成した文書によれば、一八八一(明治一四)年の落部村の人口はアイヌ二七戸九五人、和人一二三戸七七八人である。[*10] 和人移民の流入、定着が進行する一方、アイヌは和人との接触によりもたらされた天然痘の流行などにより大きく人口を減らし、すでに村内でも少数者となっていたのだが、のこされている写真からそうした状況をうかがい知ることはできない。当然のことながら、これらの写真は村内でアイヌが多く居住する地区を選び、アイヌだけを集めて撮影されたものなのだ。

[図11]　家屋の前に整列した男女。前列右から1 人目がイタキサン、3 人目がクウサンである。若い男性のなかには髪形を改め、髭も剃り落とした人物もいる。(新妻達雄氏蔵)

[図12]　上と同じ家屋の前に整列した7名の女性。前列右から1 人目がリイドキ。口元の入墨の濃さにばらつきがあるのは、施してから時間が経過すると色が淡く変化するためである。(新妻達雄氏蔵)

[図13]　少なくとも27名の男女が確認できる。前列右から1人目がイタキサン、4人目がクウサン、後列右から1人目がリイドキである。(新妻達雄氏蔵)

[図14]　仕掛弓の設置状況を再現したもの。横に渡された長い棒は、本来は捕鯨や海獣猟に用いる銛の柄であろう。左奥に見える祭壇に祀られた熊の頭骨と、道を区画する柵が図13に写るものと一致している。(北海道大学附属図書館蔵)

図14は、人物は写っていないものの、左側の祭壇と柵が図13右奥に写るものと一致することから、図11～13と連続して撮影されたものと考えられる。この写真はアマッポ（amappo）とよばれる仕掛《しかけ》弓《ゆみ》を写したもので、本来は杭に固定するものを棒の上に並べ、使用のようすをおおまかに再現したものとなっている。こうした仕掛弓は開拓使札幌本庁の管轄下では一八七六（明治九）年に全面的に禁止されていたが、函館支庁の管轄地域ではシカ以外の対象に使用することはとくに禁じられてはいなかったから、[*11]写真が撮影された時点ではなお現役で使用されていたものと考えられる。ただし、当時の公文書からは落部村のアイヌが弓矢だけでなく猟銃や仕掛弓の構造を応用した「鉄砲アマッポ」という据銃《すえじゅう》を使用していたことも確認できるのだが、[*12]それらは撮影されなかったようだ。集落の中で写すべき対象が慎重に選定されることによって、あたかもそこにアイヌだけが住み、弓矢を用いた「伝統的」な暮らしを送っているかのような写真が生み出されていたのだ。

最古級の写真群に写るアイヌが生きた時代

ここで、最古級の写真群に写るアイヌがどのような時代を生きていたのかを理解するために、近世～近代初頭の状況を簡単にまとめておきたい。

近世には和人は「日本人」を自称し、アイヌを東方に住む未開の民を意味する「蝦夷人《えぞじん》」、「夷《えぞ》人《じん》」と呼称していた。北海道本島、サハリン南部、千島列島は、渡島半島南端部の和人居住地域である「松前地」（「人間地《にんげんち》」ともよばれた）と、その北に広がるアイヌの居住地域である「蝦夷地」に区分され、境界は日本海側では関内《せきない》（現在の八雲町熊石関内町）、太平洋側では小安《おやす》（現在の函館市小安町）に置かれた。太平洋側の「東蝦夷地」では和人の移住の進行によって一八〇〇（寛政一二）年には噴火湾岸のノタヲイ（現在の八雲町野田生）、一八六四（元治元）年にはヤムクシナイ（現在の八雲町の太平洋側、長万部町）の北までが「松前地」に準ずる「村並」とされ【図15】、日本海〜オホーツク海側の「西蝦夷地」でも豊富な水産資源を追って和人漁民の進出が進みつつあり、一八六五（元治二）年にはヲタルナイ（現在の小樽市の一部）が「村並」とされたが、それでもなお「蝦夷地」は近世の終焉にいたるまで、「幕藩制国家の内なる異域」であり続けた。*13

アイヌ社会は生活に必要な鉄器や漆器などを和人社会からの供給に依存しており、その入手のために毛皮や干鮭をはじめとする各種の産品を原資とした交易活動を展開していた。一方、本州から渡島半島南端部に進出した和人勢力をルーツとする松前藩は、江戸幕府からアイヌとの交易の独占権を認められていた。両者の交易は、当初はアイヌが松前へ赴いておこなう「城下交易」の形態をとったが、一七世紀半ばには松前藩が蝦夷地各地に「商場《あきないば》」とよばれる藩士の知行地を設定する「商場知行制」に移行する。これにより取り引き相手を選択する自由を失ったアイヌは、一六四三（寛永二〇）年のシマコマキ（現在の島牧村）の首長ヘナウケの蜂起、一六六九（寛文九）年にシブチャリ（現在の新ひだか町静内）の「城主」シャクシャインを中心とする戦いを起こすが、いずれも松前藩兵により鎮圧され、和人による押し買い、押し売りが横行する状況が固定化されることとなった。

一八世紀に入ると、知行地の経営を請負った商人が差配する「場所請負制《ばしょうけおいせい》」のもとで、アイヌはそれぞれの「場所」の漁場労働力として編成され、激しい搾取にさらされるようになっていく。こうした状況に対し、一七八九（寛政元）年には北海道東部のアイヌの一部が蜂起し七一名の和人を殺害したが（クナシリ・メナシの戦い）、松前藩により即座に鎮圧され、三七名が処刑された。これが

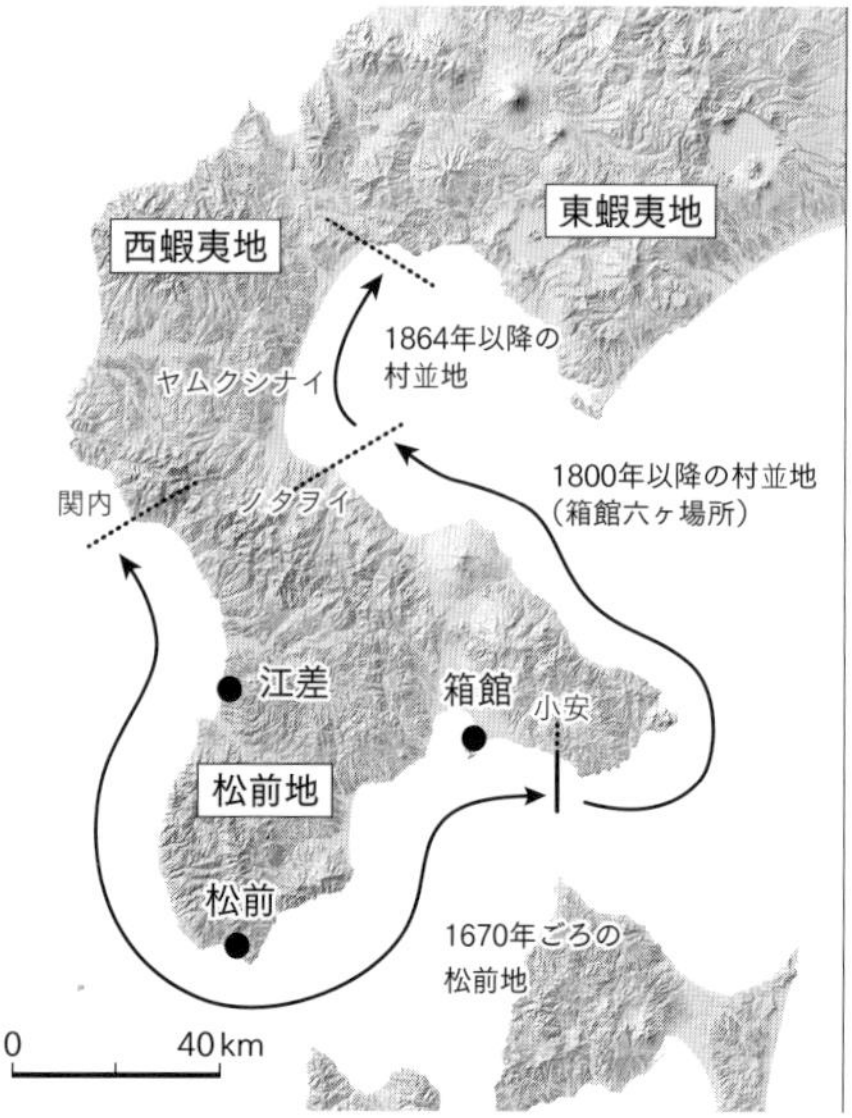

［図15］　蝦夷地と松前地の境界

アイヌ、和人間の最後の武力衝突となった。

一八世紀末以降、ロシアの南下を前にした幕府は蝦夷地を二度にわたり上知（直轄化）し、そこに住むアイヌを自国の管轄下にあると強弁する必要を認め、一八五六（安政三）年にはその呼称を異民族を意味する「蝦夷人」「夷人」から土地の人を指す「土人」へと改めたうえ、[14]「箱館奉行御預所之御百姓」と位置づけ、日本語の習得、風俗を和風に改め「和人之姿」になること（帰俗）を強く奨励するようになる。化外地《けがいち》の内国化の試みである。[15]

しかしながら、蝦夷地全域にアイヌを安価な労働力として使役することを前提とした場所請負制が展開する中にあって、「帰俗」はアイヌがまったく和人同様に取り扱われることを意味してはいなかった。風俗を改めたアイヌも「帰俗土人」としてそのほかのアイヌと等しく『土人人別』に編成され、不利な条件での労働を余儀なくされていたのである。

一方、「松前地」とそれに準ずる「村並」とされた地域にも、少なくないアイヌが暮らしていた。これらの人びとは場所請負制による強い束縛こそ受けなかったものの、多くの場合は地域社会において和人と同様に扱われることはなく、「夷人」、「土人」として相対的な劣位に置かれ続けていた。

こうした近世の状況についてのアイヌ側の認識を示す可能性があるものとして、長万部《おしゃまんべ》町の男性が一九五五（昭和三〇）年に語りのこした説話が、郷土史家の更科源蔵《さらしなげんぞう》のフィールドノート『コタン探訪帳』に収められていた。[16]

昔、奥地に日本人を移してもいいかどうかということを室蘭のenrumu kotanで噴火湾の各部落から代表が集って協議した。そのときsirarika（今の黒岩）kotanの代表が出席して、吾々はまだ自分自分の使う道具を自分でつくれない状態だから、そこへ日本人を入れると吾々が馬鹿にされるし、悪い疫病が流行し、そればっかりでない、アイヌの大事な食料の鹿も鮭もへって国がけがされekan anorukamuyもけがされるから自主的に生《いき》れるようになるまで入れる可きない（ママ）と主張した。これに対してenrumu kotanの人達が、疫病がはやったら内地から薬も医者も来てくれるし、食料が不足したら内地人も困るのだから、それを日本が捨てておくはずがない、食料を送ってよこすにちがいないから、そんな心配する必要がないと内地人受入れを主張して反対した。シラリカ人はそれに対して、ウソロケシ（箱館）の例を見ればわかるではないか、あれと同じようにアイヌが負けてしまうだろう、それよりもこれまで通りウイマム（筆者注：交易）でも何でもして、物と物とを交換するのに大船をいれたらよいといって主張をゆずらず強硬に反対したので、結局一戦争して勝った方の主張通りしようではないかといって、sirarika kotanに帰って部落中が戦争か平和解決かと協議したが、enrumu kotanがそういうなら味方同士争っても仕方がないからあきらめようということになり……

ここで言及されているエンルム（enrum）は現在の室蘭市絵鞆《えとも》、シラリカ（sirarika）は二海郡八雲町黒岩《くろいわ》の旧来の地名である。話はこののち、黒岩の女性の一人が人質として絵鞆にわたったのち、子孫の男性が黒岩に移って本州のウデシ[*17]から来た女性と結婚し、その子孫がカマテクフチ――プクサタマ――トウワクルフ――トサンロクと続くこの地域の首長の系譜となった、という一族の由来談となる。かつてアイヌ社会の内部で実際にこのような議論が交わされたことがあったのか否かを検証する術はない。しかし、生活必需品の供給を和人に依存するなかで、自分たちが先祖代々住んできた土地が徐々に和人に侵食されていく状況について、アイヌ社会の内部でどのように語り継がれてきたのかをうかがい知ることができる貴重な一例ということはできるだろう。

日本国民への統合

明治維新の後、新政府は一八六九（明治二）年七月に開拓使を設置し、翌月には松前地と蝦夷地をあわせて北海道と改称し、一一国八六郡を置いた。これは単なる名称の変更ではなく、古代以来の国郡制の範囲が北に拡大されたことを意味した。同年九月、右大臣三條実美《さねとみ》は北海道へ赴任する開拓長官東久世通禧《ひがしくぜみちとみ》に対し、次のように指示している。

一　北海道ハ皇国之北門最要衝之地ナリ、今般開拓被仰付候ニ付テハ、深ク聖旨ヲ奉体シ、撫育ノ道ヲ尽シ、教化ヲ広メ、風俗ヲ敦スヘキ事

一　内地人民漸次移住ニ付、土人ト協和、生業蕃殖候様、開化心ヲ尽スヘキ事

ここには北蝦夷地とよばれていた樺太における日露雑居の状況を前に、北海道を「皇国之北門」と位置づけ、和人の移住による「開拓」が急がれる一方、先住者であるアイヌはロシアに取りこまれることのないよう、撫育《ぶいく》、教化を通じて「風俗ヲ敦《あつ》ス」べき対象としてとらえるという、近世以来の構図が色濃く引き継がれている。

一八七一（明治四）年一〇月八日、開拓使は「北海道土人へ告諭」を発する。[*18]

一　開墾致候者ヘハ居家農具等被下候ニ付、是迄ノ如ク死亡ノ者有之候共居家ヲ自焼シ他ニ転住等ノ儀堅ク可相禁事

一　自今出生ノ女子入墨等堅ク可禁事

一　自今男子ハ耳環ヲ着候儀堅ク相禁、女子ハ暫御用捨相成候事

一　言語ハ勿論文字ノ儀モ相学ヒ候様可心掛事

ここに記された「居家」の「自焼」とは、死者が出た際に、とりわけ年老いた女性の場合などにはあの世でみずから家屋を建てることができないと考え、居住していた家屋を焼却することによりあの世に「送る」習慣を指すものとみられる。そうした重要な儀礼や、女性にとって欠かすことのできないものであった入墨を禁止したうえで、日本語の習得が当然のこととされたのである。

翌一九七二（明治五）年には、開拓使は「元来北海道土人之儀、容貌言語全ク内国人ト八異種之体をなし、従テ風俗も陋習《ろうしゅう》を免れす、即今開拓盛業之折柄、従前ノ醜風を脱し、内地と共ニ開化之域ニ進ミ、彼我ノ殊別なからしめ度」として[*19]、札幌周辺のアイヌ三六名を東京に設置した開拓使仮学校附属北海道土人教育所に入学させた。このころ、開拓使の上層部の中には、アイヌと和人の区別を撤廃し、アイヌに日本式の教育を施せば、短期間にアイヌを「同化」させ「開拓」の担い手につくり替えることができるとの考えがあったようにみえる。しかしそれは言語も文化もまったく異なる民族を統治した経験を有さないがゆえのあまりに楽観的な見通しであり、ほとんど成果をあげることもないまま頓挫することになる。

一八七一（明治四）年の戸籍法制定を受け、翌年から開拓使内部で戸籍編成に向けた議論がはじまった際には、札幌本庁が「北海道国郡分界被相定候上ハ、従来浜浦山野ニ居住ノ蝦夷人、皇国ノ民タル素ヨリノ儀ニ候得共、平民ト一般ノ戸籍ニ編入シ如何ニ候哉　但本条ノ通編製ノ上ハ、平民ト縁組等ヲ始トシテ万事一般ノ交際勝手タラシムベシヤ」と伺い出る。国郡制の適用を蝦夷地の内国化ととらえ、そこに住むアイヌを「平民ト一般」に扱うか否かを確認したのである。これを受けた東京出張所は一八七三（明治六）年二月に「伺之通、尤成丈説諭シ一概ニ法ヲ以テ押スベカラス」と回答し、これによりアイヌを平民籍に編入する方針が定まった。

ただし、このことはただちにアイヌと和人の戸籍上の区別が撤廃されたことを意味するわけではなく、札幌本庁では「旧慣ヲ脱シ帰化ニ赴、農漁ヲ以テ生営ヲ相立候者ハ平民同様ニ編入」しつつ、「但第何番ヘ帰化土人ト記シ」、「依然トシテ不相改者ハ其侭ニ致置」という方針がとられていた。当時の状況ではアイヌと和人を同列に扱うことは現実的には不可能であり、さまざまな側面で事実上の民族別統治を続けざるを得なかったのである。こうした状況の中で、一八七八（明治一一）年にはアイヌを行政上区別する際には「旧土人」と呼称することが定められ、以後人口、職業などの統計資料が作成され続けることになる。[*20]

戸籍への編入により、アイヌは一八七〇（明治三）年「平民苗字許可令」、一八七五（明治八）年「平民苗字必称義務令」の対象となり、当時の文書に「改姓名」などと記される施策が進められることとなった。ただし、この施策は北海道全域で一斉に進められたわけではなく、実施の時期や方法には著しい地域差があった。開拓使函館支庁の管内では、日本海沿岸の久遠《くどお》、太櫓《ふとろ》、瀬棚《せたな》郡では一八七二（明治五）年までに、噴火湾沿岸の茅部郡、山越《やまこし》郡でも同年から一八七三（明治六）年に相次いで姓が付され、名が和風のものに改められた。茅部郡森村では、アイヌは近世の段階で和名を有していたため、「親ノ名及旧名等」により姓が定められ、アカベの子久兵衛は加部《かべ》久兵衛などとされた。山越郡山越内《やまこしない》村遊楽部《ゆうらっぷ》では、「役土人」（近世にアイヌの管理を目的に和人が任命していた役職。のちに単に集落の有力者を指して使われることもあった）オベクスが尾部《おのべ》八右衛門、シークが椎久《しいく》七右衛門とされ、同郡長万部村ではトサンロクが戸桟録平《とさんろくへい》、妻ニシュツがにし、息子クチャシキが口弥、ノイタクが野板九助《のいたきゅうすけ》、妻ウナルベウクがうる、二男ヱベトクが栄助などとされた。

このころ、開拓使は率先して改姓名に協力し、村民に「自産」を熱心に説諭するオベクス、シークらの奔走を「奇特之儀」と高く評価し、その功績に対して羽織地各一反を下賜している。[*21] ただし、これらの人物はその後もさまざまな文書にアイヌ名で登場する。官吏の働きかけを受け入れつつも、実態としてしばらくの間アイヌ名と和名が併用されていったのである。

奪われた先祖伝来の土地

明治政府によって、北海道が先住民アイヌの土地であることが議論された形跡はない。すでに近世の時点において、幕府はロシアに対してアイヌは日本の人民であり、ゆえにアイヌの居住する地域は日本であると主張してきた経緯があった。また、国家を形成していない非農耕社会を主権の主体たりえない存在とみなす態度は、列強による植民地支配を正当化する国際社会の常識でもあった。当時の官吏にとっては、北海道が日本領であり、そこに住むアイヌが土地や資源に関する特別な集団的権利を有していないのは議論の余地のないことと考えられていたのだろう。

一八七二（明治五）年に開拓使が定めた「地所規則」にはアイヌに関する特別な条文はなく、従来アイヌが「猟漁伐木」してきた区域をふくむ山林川沢についても個別に私有地化の対象とする方針が示されており、現場の官吏もアイヌ、和人移民を区別せず土地の私有化を進めるものと理解していたことが明らかにされている。[*22] しかし、この方針は本州以南の地租改正にあたる地租創定がすすめられる過程で、一八七七（明治一〇）年に制定された「北海道地券発行条例」により転換され、同第一五条によりアイヌが狩猟、漁労を営んできた区域をふくむ山林、河川はすべて官有地とされたうえ、同第一六条により「旧蝦夷人住居ノ地所」は原則的に「官有地第三種」に編入し、場合によって「成規」の処分があり得るものと定められた。「住居ノ地所」という文言が何を指すのかについてはいくつかの見解があるが、同条例は地所の種別を「宅地」、「耕地」などと定めているから、「宅地」のみを指すものでないことは明らかである。この点については、当初の文案では「旧蝦夷人住居之地」とされていることからみて、和人の進出が及んでおらず、アイヌのみが居住する地域については丈量《じょうりょう》（測量）などの対応を先送りする方針を意図したものだったと考えるのが妥当だろう。しかしその後、地券発行に向けた準備が進む中で改めて測量を終えた地域に住むアイヌの土地の扱いが問題となり、結局のところ、アイヌが使用している「宅地」、「耕地」、「海産干場」（漁業に用いる作業場）は、地域によって①測量せず当面官有地第三種に据え置く、②測量後に土地台帳を作成して官有地第三種に編入、存置する、③測量後に和人同様に私有地とするという三つの異なる対応がとられることとなった。

開拓使函館支庁の管轄範囲では、山越郡のアイヌの土地は測量がなされないまま事実上放置され、そのほかの郡では和人同様の取り扱いとなった。この結果、一八八一（明治一四）年に管内に居住していたアイヌ六五九人のうち二六五人、比率にして四〇・二パーセントの人びとが土地の私有を認められなかったことになる。

なお、これらの措置は地租創定以前から使用してきた土地に関するものであり、アイヌがそのほかの土地について、和人移民同様の手続きで払下げを受けることは法的には妨げられてはいなかった。ただし、土地払下げの申請には日本語による文書の作成と、戸長（当時は例外なく和人）による副申が必要であった。こうした状況の下では、アイヌが申請書を作成し、提出するまでにはきわめて高いハードルがあり、地域の和人移民の利害に抵触する可能性があるような申請をおこなうことも困難であったと考えねばならないだろう。

第2章

写されなかった村

「異民族性」による選別と終わりない人種差別

資料の空白

近代初頭の時点において、開拓使函館支庁管下でアイヌが居住していた集落の位置をみると、函館から北に向かう幹線上に位置する茅部郡森村にまとまった人口があり、その北に落部村、山越内村、長万部村という比較的人口規模の大きな集落が並んでいたことがわかる［図16・表1］。ところが、現存する「アイヌ風俗写真」の中には森村のアイヌを被写体としたものは確認できず、落部村で撮影されたものが分布の最南端となっている。

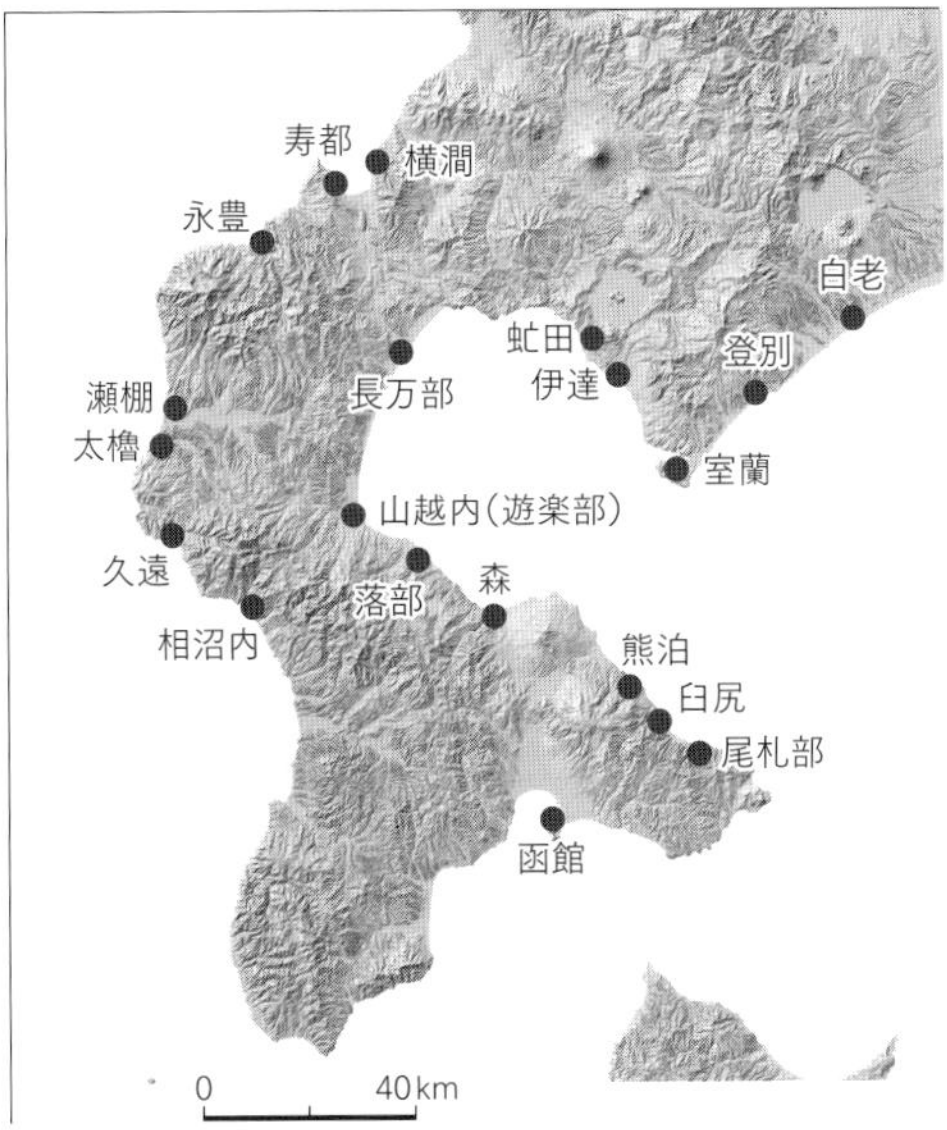

［図16］ 近代初頭の渡島半島および周辺地域

［表1］ 1881(明治14)年における函館支庁管内居住のアイヌ人口

郡	村	戸数	人口
磯谷郡	横澗村	2	6
寿都郡	寿都市街・樽岸村	4	10
島牧郡	永豊村	9	23
瀬棚郡	瀬棚村	17	72
太櫓郡	太櫓村	14	63
久遠郡	久遠村	1	9
爾志郡	相沼内村	1	2
山越郡	長万部村	35	118
	山越内村	34	147
茅部郡	落部村	27	95
	森村	15	80
	熊泊村	7	23
	臼尻村	3	3
	尾札部村	2	8

出典：山越郡、茅部郡は『御巡幸書類綴　明治十四年』(北海道立文書館所蔵簿書：A4/150)、そのほかは『開拓使事業報告』第一編に拠った。

この時代にはカメラを携えた人びとの多くが函館が出発して陸路で北に向かったものと考えられるが、最初に通る大規模なアイヌ集落であるはずの森村で撮影された「アイヌ風俗写真」が確認できないのはなぜなのか。本章ではこの問題について、まず当時の天皇奉迎、外賓接遇に際して開拓使によるアイヌの動員がどのようになされていたのかを糸口として考えてみることにしたい。

天皇奉迎への参加の「説諭」

一八七六（明治九）年七月一六日午後、明治天皇が奥羽巡幸《じゅんこう》の途上で函館に入港【図17】し、一八日まで滞在した。史上初めての天皇の北海道上陸である。一九一一（明治四四）年に刊行された『函館区史』はこの時の状況について、五十余名のアイヌが「拝観の為め来りし」ため、一六日には「郵便局前の左右に整列して拝観せしめ」、翌一七日午後には叶同館《きょうどうかん》で天皇が五六名のアイヌに「酒を賜わり」、楼上からその「舞踏を叡覧《えいらん》」したと記している。[*1] 上記の記述からは、あたかもアイヌが天皇奉迎のために自発的に集まったかのように思われるかもしれないが、実際には開拓使函館支庁民事課が六月二一日付で森、山越内、寿都《すっつ》、久遠分署に対し、管轄下に居住するアイヌに函館に出向くよう「説諭《せつゆ》」を加えるよう指示していたことがわかっている。[*2] この指示は「第一当道ニ於而珍敷物《めずらしきもの》ハ男女土人ノ手踊《ておどり》ニ不如」という認識にもとづき、「手踊」の披露に必要な衣裳や小道具を

[図17] 函館港に入港した御召艦明治丸。構図から会津町の函館八幡宮前にあった田本写真館二階から撮影したものと考えられる。(北海道大学附属図書館蔵)

持参することを求め、「前以当地ニ而打合之都合モ有之ニ付、七月十日頃迄ニハ必着函」という具体的な日程も示しつつ、参加をうながすためにアイヌにかぎっては函館滞在中の「賄《まかない》」（宿泊費、食費）も官費で支給するという条件を提示したものだった。開拓使はアイヌの文化を「陋習」、「醜風」とみなしその「洗除」、「一新」を謳《うた》っていたが、天皇奉迎に際しては北海道を象徴する名物としてアイヌの異民族性を求め、天皇の前で近世の「御目見得」の再現ともいえる拝謁儀礼を執りおこなわせたのだった。

一九三〇（昭和五）年に刊行された『明治天皇御巡幸記』は、奉迎に加わったアイヌについて「落部・山越内・長万部三村の旧土人五十六名」とするが、[*3]この記述は正確ではない。当初、各分署から報告された参加予定者は、山越内分署管内から山越郡山越内村一九名・同長万部村一五名・茅部郡落部村九名、寿都分署管内から寿都郡樽岸《たるきし》村一名、久遠分署管内から瀬棚郡瀬棚村六名・太櫓郡太櫓村五名・久遠郡久遠村一名、森分署管内から茅部郡臼尻《うすじり》村三名・同尾札部《おさつべ》村一名の計六〇名であり、このうち森分署管内の四名が集合期日に間に合わなかったために、それをのぞく五六名が天皇の前に立ったものと推定される。アイヌは函館支庁管内の広い範囲から集められていたのである［図18・19］。

しかしこの時、森分署管内からは臼尻村、尾札部村の四名が函館に向かったが、もっとも多くのアイヌが居住しているはずの森村からの参加者はゼロであった。森村のアイヌの居住地は、「説

[図18]　天皇奉迎のために函館に集合した男女が田本写真館前に整列したようす。この写真は長い間、札幌郊外の対雁へ移住を強いられた樺太アイヌの姿と信じられてきたが、最近になってそれが誤りであることが明らかになった。(北海道大学附属図書館蔵)

[図19]　屋内に並ぶ8名の男性。いずれも図18とまったく同じ服装をしていることから、相前後して撮影されたものと考えられる。(新妻達雄氏蔵)

諭」を担った森分署の目と鼻の先といっていい位置にあったにもかかわらず、である。

動員の対象とならなかった人びと

一八七九（明治一二）年には、開拓使函館支庁管内で外国賓客の接遇にアイヌが動員された事例が三件確認できる。まず七月一九日から二三日には、香港総督ジョン・ポープ・ヘネシーが大蔵卿大隈重信らとともに来道し函館に滞在していた。

函館支庁が作成した「香港太守巡覧日誌」によれば、二二日午後に函館の蓬莱《ほうらい》町（現在の宝来町）において銀行などが主催する歓迎行事が開催され、午後三時四〇分ごろから五時にかけて「競馬弁旧土人ノ舞踊ヲ遊覧」したという。[*4]「競馬」は和人に混じって二名のアイヌが「陣羽織ヲ着ケテ裸馬ニ跨リ混同競争」するもので、続いて男八人女一四人のアイヌが立ち並び、「祝踊・寄鯨《よりくじら》」を舞った。七月一七日付の函館新聞は、この行事のために「態々《わざわざ》胆振国山越郡山越内、長万部の両村より呼寄男七人（ママ）女十四人」が函館市内の旅人宿に滞在中であると報じている。三年前の天皇奉迎のときと同じく、会場の函館から約四五キロの位置にある森村のアイヌの姿はそこにはなく、約七六キロ離れた山越内村、約一〇七キロ離れた長万部村のアイヌがよび寄せられていた。

こうした森村のアイヌの不在ともいえる状況は、接遇の会場がほかならぬ森村に設定された場合にも一貫していた。七月二六日から八月二三日にはドイツ王族ハインリヒ・フォン・プロイセンが函館に滞在しており、八月二日から五日にかけて郊外を巡遊し、その途上の三日に森村でアイヌと面会した。接遇を担当した開拓使一等属の有竹裕《ありたけひろし》は当日の状況について「独逸《どいつ》皇孫殿下随行記事」に次のように記している。[*5]

森ヘ着センハ午後一時ナリ、此地ニテハ阿部某ノ家ヲ旅舘トナス、食後皇孫ハ埠頭ヨリ小舟ニ棹シ潮水ニ浴セラル、此日モ炎熱ハ十余度ナルカ故ニ海湾ノ舟遊ハ頗ル快意満足セラレタルナラン、又兼テ此地ニ呼置タル土人男女各一名ヲ旅舘ノ庭前ニ於テ謁見ヲ賜フ、訳官ヲ以テ土人棲息ノ景況及土着ノ年数現今ノ状態等ヲ質問セラル、各弐円宛ヲ賜ヒ且酒ヲ飲マシメテ土人ノ歌舞ヲ見ル

きわめて簡単な記述ではあるが、「兼テ此地ニ呼置タル」との記述は、ハインリヒの前に立ったアイヌが事前に森村の外からよび寄せられていたことを示しているものと考えていいだろう。

一一月五日には、やはり函館に滞在していたイタリア皇族トンマーゾ・ディ・サヴォイアが巡遊の途上で森村の阿部重吉《じゅうきち》方に止宿し、アイヌの舞踊を鑑賞した。この日のようすを外事係が作成した報告によって確認してみたい。[*6]

午後四時、遊楽府（ママ）落部両村ノ土人男女十八名来集、殿下旅館前ニ整列セリ、総テ戸長阿部正義三井勝用弁村用係竹内幸助等指揮ヲナシ、而シテ殿下ヨリ酒ヲ賜ハリ酣酔ノ上、土人ノ野舞ヲ奏シ貴覧ニ供セシ処、五時強ニ至テ停舞、其時殿下ヨリ右十八人エ金弐拾円ヲ下賜アラセラレタリ

同文書には三日にイタリア士官一名が開拓使函館支庁を訪れて上陸にかかわる手配を依頼したことを受け、「森村於テ土人召集方及ヒ宿泊所手配」の必要が生じたとの記載があり、同日午後から六日にかけて「伊太利亜国皇族殿下森村行ニ付、落部村及有楽部（ママ）ヨリ旧土人差出ノ為メ」に、元第十八大区（茅部郡）戸長の阿部正義、元第十九大区（山越郡）戸長の三井勝用の二名が出張した復命書も現存している。[*7] この時もやはり、アイヌは森村の外からよび寄せられていたのである。

当時、幕末に定められた「外国人遊歩規定」により、外国人の移動は基本的に開港地から一〇里（約四〇キロ）以内に制限されており、それを越える移動には特別な手続きが必要とされた。函館の場合には一〇里の境界は森村のやや手前に位置していたが、開拓使は境界付近には休憩用の駅舎の用意もなく不便であり、やむなく違反する事例があるとして範囲の拡張を上申し、一八七五（明治八）年一〇月に森駅までの行き来を許容することが決定されていた。[*8] 開拓使がハインリヒらの宿泊

地を森村に設定したのは、外国人の行動範囲を可能なかぎり遊歩規定の範囲内に留めておくための措置だったと考えられる。

しかし、開拓使はアイヌを見せる計画を立てるにあたって、宿泊地である森村に住むアイヌを対象とせず、あえて別の集落からよび寄せていた。その理由を考えるうえで鍵となる出来事が、先述の「独逸皇孫殿下随行記事」に記されていた。

薄暮ヨリ近傍ヲ散歩セラレ、土人ノ家ヲ訪ヒ金三十銭ヲ賜フ、皇孫殿下ニハ、兼テ純粋ノ土人ト土人住居ノ現状ヲ親視セラレン事ヲ望マレ、此地ノミニテハ未タ其詳ナルヲ悉サス、故ニ明日此地ノ近傍ニ於テ土人数名ト土人ノ住居トヲ一覧セラレンカ為ニ、「モナシベ」ト云フ地（落部村ノ支村ニシテ森ヲ距ル三里余ナリ）ニ赴ク事ニ決セラレタリ

ハインリヒは開拓使がよび寄せていた二名のアイヌと対面したのち、日が沈むなか宿の「近傍」を散歩し「土人ノ家」を訪れていた。これはハインリヒのアイヌへの高い関心を示すとともに、当時の森村にも確かにアイヌが居住していたことを証明する重要な記述である。しかし、そこでハインリヒが目にしたのは、期待していたような「純粋ノ土人ト土人住居」ではなかったため、改めて約一三キロ離れた落部村支村モナシベ（茂無部）まで足をのばすことが決定されたというのだ。翌日、

ハインリヒはモナシベでアイヌの住居二軒を訪ね、参集させられていた三〇名ほどのアイヌに会って織機や弓矢を購入している。

森村の特殊性

ハインリヒが森村を訪れる三四年前の一八四五（弘化二）年に松浦武四郎が記した『初航蝦夷日誌』には、箱館を出てはじめて森村でアイヌの家屋を目にしたが、集落は和人の家屋三〇軒ほどとアイヌの家屋六、七軒が入り混じる状況で、そこに住むアイヌは銭の使用を知り、言語もアイヌ語と日本語のバイリンガルであったと記されている。和人とアイヌの雑居、アイヌの風俗の和風化が進行していたことがわかる。それから一二年後の一八五七（安政四）年に蝦夷地出張を命じられた越後長岡藩士の森一馬らが記した『罕有日記《かんゆうにっき》』巻七には、森村のアイヌについて「男夷は風俗に替りなし、華人（和人）に雑居す、女夷は黥《げい》薄く、遠方よりは分ち難し、衣類は村人に同じ」で、ほかの地域のアイヌとは「別種と見えたり」と記されている。[*9] ここからは、森村ではアイヌと和人の住居が入り混じる状況が継続していたこと、アイヌの男性は髭を剃って髪形も和風に改めていたこと、女性の入墨（黥）は年月を経て薄くなると入れ直す必要があったが、「黥薄く」という記述からそれがおこなわれなくなっていたことが読み取れる。この年の一二月、箱館奉行は「森土人風俗改候者共」を村方人別に編入し、箱館に所在する日蓮宗称名寺の檀家として編成することを許している。[*10]「村並」となった地域にあっても異例の措置である。

こうした状況から、近代初頭において森村のアイヌが動員の対象とならなかった理由の一端は、近世以来もっとも和風化が進行していた集落であるがゆえに、「異民族性」を見せるという動員の趣旨には合致しないと判断されたことにあった可能性が考えられる。

ただし、それのみを森村のアイヌが公的な場に姿をあらわさない唯一の理由とみなすことはできない。一八八一（明治一四）年の明治天皇二度目の北海道巡幸の際には、「天覧」に供すべき物品の募集に対して、八月二〇日付で長万部村のアイヌ司馬力八《しばりきはち》、姥久手丹蔵《うばくてたんぞう》から「アッシ」（樹皮衣）各一着、九月三日には落部学校の教員柳澤義直から同校に在学するアイヌ子弟碇藤松《いかりふじまつ》と有櫛鳥賊蔵《ありくしいかぞう》の習字各一点が提出され、九月五日に森村の行在所《あんざいしょ》（天皇の臨時滞在所）で「天覧」に供された。[*11]この時、柳澤が提出した理由書のなかには、アイヌ児童が「就学之日浅」く、その習字は「迚《とて》も立派ニ相出来候訳ニ無之候得共、只珍敷迄《ただめずらしきまで》ニテ」と記されている。つまり、アイヌ子弟の習字は優れた成績により選ばれたのではなく、アイヌ子弟の習字であるという「珍しさ」ゆえに「天覧」に値すると考えられていたのである。帝国域内における異民族の存在を示す「アッシ」と、なお拙《つたな》いながらも「同化」、「皇化」への意志を象徴する「習字」が選ばれ、「天覧」に供される。こうした観点でみれば、森村の状況は「同化」、「皇化」の達成度をアピールするのにもっとも適しているように思われる。しかし、そうした場にも森村のアイヌが姿をあらわすことはなかった。

一八七八（明治一一）年に森村を訪れたイギリス人宣教師ジョン・バチェラーは、そこで出会った人びとのようすについて、「少し残って居るアイヌ人も皆アイヌの風俗をやめて日本の風に生活をしております。平素使う言葉、着物、家、道具、其外何んでも皆日本製で、アイヌと思われるのを大変恥ている事は驚くべき事でした」と記している[*12]［図20］。ここからは、森村のアイヌがみずからをアイヌとみなす来訪者を歓迎してはいなかったことがわかる。

この年、バチェラーは函館で和人が「アイヌ民族は本当の人間では無い人と犬との混血児だ、人間の子孫で無いから犬程熊程毛がはえているのだ」という激しい差別感情を帯びた言葉を発するのを聞き、のちに長万部まで足をのばした際には、宿の主人がアイヌを部屋に通すことを断固として拒否する姿を目の当たりにしている[*13]。

一人で宿の部屋でアイヌ語の勉強をしておりますと、突然其の村のアイヌの酋長が他のもう一人の年寄を連れて私を尋ねて参りました。処が困った事には其の宿主はアイヌ人をどうしても私の部屋へ通す事を許しません。仕方なく、私が玄関まで出て会いました。アイヌの人達を畳のある部屋へ入れない事は昔からの習慣だと聞きました。

[図20] 1872（明治5）年の森村。開拓使が函館〜札幌間をむすぶ幹線として建設した札幌本道の通過点にあたり、室蘭とむすぶ航路の基点となった。多数の和風建築が立ちならんでいるが、竣工した本道とその周辺の状況を記録した『新道出来形絵図』には、村の東端に「土人町」という文字が記されている。（北海道大学附属図書館蔵）

同じ年に北海道を訪れた英国人イザベラ・バードは、通訳として雇用した伊藤という和人青年が、アイヌに対して親切かつ丁寧に接するように指示されるや、憤慨して「アイヌ人を親切に取り扱えだと！　あいつらはただの犬で、人間じゃない」とまくし立てる姿を記録している。[*14] これらの記述は、アイヌに対する好奇心をもって北海道を訪れた外国人による歪曲などではない。一八八三（明治一六）年には、岩手県野田村の生まれで山越郡に居住していた和人移民が、使用人のアイヌの態度に腹を立て縄でしばりあげ、「アイノの僻（ママ）によくも人を馬鹿にするないでや」と殴打し殺害するという事件も発生していた。[*15]

このように、アイヌとの「協和」をよびかけた開拓使の牧歌的な建前にもかかわらず、アイヌはしばしば和人から同じ人間として扱われず、時には命を落とすほどの暴力にさらされていた。森村のアイヌが「アイヌと思われるのを大変恥ている」という状況にまで追いこまれたのは、住居を接するようになっていた和人移民がアイヌに向けていた苛烈な人種差別によるものであることは疑いの余地がない。こうした状況のもとで、森村のアイヌは「異民族性」を見せることにも、「皇化」をアピールすることにも、アイヌとしての一切の関与を拒否する状況にいたっていたものと考えられよう。

森村のアイヌの姿を収めた「アイヌ風俗写真」が確認できない理由は、ここにあるだろう。見方を変えれば、落部村が写真資料分布の最南端で多くの写真が現存しているのは、当時函館からもっとも近い位置にある「アイヌらしい」とみなされる集落であり、またそうした「異民族性」を求める来訪者を迎え入れることがなお可能な状況だったからにほかならない。これ以後、噴火湾沿岸では天皇や皇族の奉迎をはじめとする各種の行事は、落部村、山越内村、長万部村の人びとのみが担っていく［図21・22］。アイヌを一目見ようとする旅行者や人類学的な調査を目指す研究者の大半は、この三村を目指すことになる。

森村の人びとのその後

前節まで見てきたような状況は、森村の人びとが文化的に完全に和人に「同化」していたことを示すわけでも、ましてや周囲からアイヌとみなされなくなっていたことを示すわけでもない。一八七八～七九（明治一一～一二）年に森村のアイヌが申請した獲殺手当《かくさつてあて》（害獣とされた熊、狼、カラスの駆除を奨励するために支給された手当金）の支給記録のうち、捕獲方法について記載がある六件を見ると、「弓」によるものが五件、「アマホト唱《とな》へ候矢《そうろうや》」によるものが一件となっている［図23］。ここでいう「アマホ」とはアマッポ（仕掛弓）のことである。仕掛弓による熊猟にはトリカブトの根などを調合した矢毒の使用が不可欠であることから、この時期まで森村のアイヌが弓矢や仕掛弓、矢毒の製造と使用に関する技術を継承し、駆使していたことは間違いない。森村のアイヌは表面的には和人の

[図21] 1911（明治44）年8月23日に長万部駅のホームで皇太子行啓を奉迎する人びと。アイヌと和人が截然と分かれて整列していることがわかる。（北海道大学附属図書館蔵）

[図22] 函館の松吉絵葉書店が発行した絵葉書の1枚。これと同じ写真が、1911（明治44）年9月2日付の函館毎日新聞に、同年8月23日に皇太子行啓を奉迎した遊楽部のアイヌの姿として掲載されている。（函館市中央図書館蔵）

文化を受容しつつ、山間部では伝統の技術を駆使した狩猟活動を展開していたのである。一八七八（明治一一）年には虻田《あぶた》郡虻田村のエタテランが森村のアイヌ加部久兵衛方に寄留していた記録もあり[*16]、このころまでは噴火湾沿岸の集落との間で同族同士のつながりも維持されていたものとみられる。

制度面では、森村のアイヌは近世末期に村方人別に編成されたとはいえ、その身分はあくまで「百姓並」であり、和人の百姓と同列に扱われるものではなかった[*17]。そして近代以降はほかの地域

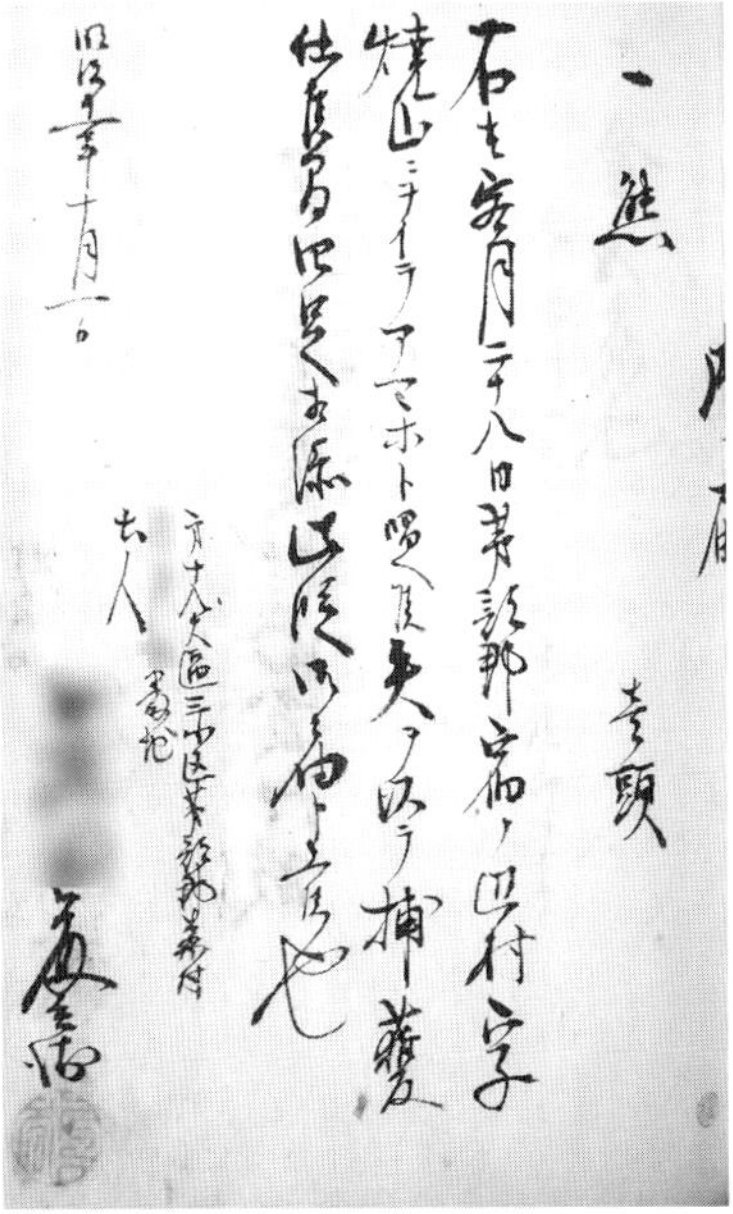

［図23］　森村の藤兵衛の名義で提出された「御届」。藤兵衛は1878（明治11）年9月28日に茅部郡宿野部村字焼山で「アマホト唱へ候矢」を用いて熊を捕獲し、10月1日付で「御届」に証拠品の四足を添えて役場に提出し、「獲殺手当」の支給を申請した。（北海道立文書館蔵）

のアイヌと一括して「旧土人」として扱われ、人口統計に数えられ続けていった。こうした状況は単なる行政上の数値にとどまるものではなかった。日露戦争に従軍したアイヌの調査結果を報じた一九〇九（明治四二）年の新聞記事は、森村に三名の「叙勲の恩典にあづかりたるもの」がいたことを実名入りで報じている。[18] そこには異民族であるからこそ、その国家への忠誠が注目される構図がある。記事の中に記された「純粋の土人種にあらざるも其血統を有するものなり」という一文は、もっとも風俗の和風化が進展していた森村の人びとにあっても、「純粋」か否かを問題にしつつ、「土人種」の「血統を有するもの」として異視される状況から逃れられなかったことを示している。アイヌへの差別は、単に文化の差異や経済的な格差に根差したものではなく、血統をもとに人種化されたものになっていた。和人社会はアイヌを「滅びゆく民族」と「同化」を謳《うた》いながら、その差異の消滅を容易に認めようとはしなかったのである。

一九三〇年代には日本学術振興会学術部第八小委員会がアイヌの総合調査を実施し、その一環として北海道帝国大学の児玉作左衛門が北海道、樺太、千島各地でアイヌ墓地を発掘し、膨大な遺骨を収集していた。児玉は一九三四（昭和九）年に八雲町遊楽部、長万部のアイヌ墓地を調査しており、[19] その合間の六月四日に森を訪れ、集落の旧アイヌ墓地の土地を所有する男性に接触した。男性は児玉の発掘調査への協力を「即座ニ拒絶」したが、児玉は役場職員に対し八月末までに許否の回答を得るように依頼し、九月に児玉が再度来訪した際には男性は、「説得」に対し「渋々承諾」したとされる。[*20] 児玉は翌年七月一〇〜一七日にかけて森のアイヌ墓地を発掘し、少なくとも六二体の遺骨を資料として大学に持ち帰った。

児玉はこの一件について記した報告の中で、土地所有者の男性を「老アイヌ」と記している。[*21] 森村の人びとは「帰俗」し「百姓並」とされてから八〇年近くの年月を経たのちもアイヌとよばれ、アイヌであるがゆえに、自身の長女をふくむ数多くの肉親の遺骨を人類学研究の標本として提供することへの同意を強いられていた。「アイヌ風俗写真」の外側に、写されることのない「アイヌ」とよばれ続ける人びとの歴史があったことを見逃してはならない。

第3章

切り取られ、再現された「固有の風俗」

一九〇〇年代

ピリカ会発行『アイヌ風俗写真ヱハカキ』

日露戦争の終結から四年後の一九〇九（明治四二）年、のちにアイヌ史研究の泰斗《たいと》高倉新一郎（一九〇二〜一九九〇）が「群鶏中の一鶴とも称すべきもの」[*1]と激賞する写真絵葉書が発売される。森村に本拠を置く「ピリカ会」が発行した『アイヌ風俗写真ヱハカキ』第一輯、第二輯がそれである[*2]［図24］。いずれもコロタイプ印刷による六枚一組の冊子体となっており、背表紙には次の一文が印刷されていた。

［図24］　ピリカ会発行『アイヌ風俗写真ヱハカキ』第一輯の表紙（北海道博物館所蔵）

ピリカ会のアイヌ風俗写真ヱハガキは
人類学上アイヌ種族の風俗参考資料として遺憾なきを期す
学術上の見地よりして飽迄彼等の固有状態の存するものを撰択し以て其遺憾なきを期す
斯道識者の校閲を経て発行するものなれば其印画、其事歴、其故事、其用語等をして世人を誤るが如きなきを期す

現今アイヌ種族に関する絵葉書の如き誤謬杜撰のもの多きを慨し之れを訂さん事を期す
地理歴史上の参考として将た家庭に娯楽を供する美術的備品として価値あるを期す
彼等種族固有の風俗（例へばウエマン、ウカル、サイモン、等の如き）にして既に頽廃に帰し或は頽廃に瀕せんとするものあるを以て特に斯道識者の考証を経て此等の故事を遺憾なく刷出せんことを期す
贈答品として趣味と実益とを兼ねたる最好適品なるを期す
漸次編を追ひ号を重ね刊行せんことを期す

発行所　北海道渡島国森　ピリカ会

ここには人類学研究の資料として「固有状態の存するものを撰択」し、「固有の習俗」のうち「頽廃に帰し或は頽廃に瀕せん」とするものについては「識者の考証」により「遺憾なく刷出」する――すなわち変化しつつあるアイヌの生活の中から「固有状態」と判断されるものを切り取り、すでに失われたか、あるいは失われつつあるものについてはそれを再現するという方針が示されている。絵葉書は発行直後から好評を博し、一九一一（明治四四）年には第三輯、第四輯が発行され、函館万隆舎、札幌五番館、小樽宮井商会が「発売元」、函館市内の西堀近江堂、小島書店ほか六カ

所、釧路、室蘭、旭川、十勝各一カ所の写真館や書店が「大売捌所」となった。

ピリカ会と弁開凧次郎

ピリカ会は森村に住む医師村岡格《ただし》（一八五〇～一九二三）が中心となって、絵葉書第一輯、第二輯が発行される直前の一九〇九（明治四二）年五月ごろに設立されている。村岡は松前藩の藩医の家に生まれ、一八八一（明治一四）年に森村の第九公立病院に赴任したのち、一八九九（明治三二）年ごろには「アイヌ風俗調査所」を設立して「常に旧土人に接近して之れが研究を唯一の楽」としていた。[*3] そののち絵葉書の発行に向けて、成ケ澤賢治や鈴木義路らとともに会を結成したものと考えられている。

同会の活動に協力したのは、村岡が住む森村のアイヌではなく、落部村の弁開凧次郎《べんかいたこじろう》（一八四七～一九一九）だった[*4]【図25】。弁開は一八七六（明治九）年六月に作成された名簿に「父ベンケイ亡長男イカスバ事《こと》　弁開凧次郎　九年五月廿八年六ヶ月」と記載されており、本来のアイヌ名はエカシパ（ekasi-pa「祖父が・見つけた」の意）だったが訛ってイカシパ、イカスバなどとよばれ[*5]、改姓名に際して姓を父の名にちなんで弁開、名をイカからの連想で凧次郎とされた。[*6] 一八八〇～一八八一（明治一三～一四）年には村内で畑地四四九坪、杉植林地一一一五七坪の払下げを受け[*7]、一八九九（明治

[図25]　弁開凧次郎。『アイヌ風俗写真ヱハカキ』第一輯に「盛装したるアイヌの酋長」と題して収録されたもの。構図は弁開を写した著名な写真（口絵5）を強く意識したものだろう。（函館市中央図書館蔵）

三二）年には土地を所有し農業を営むかたわら「馬喰《ばくろう》」（牛馬の仲買人）を職業としていたことが記録されている。[*8] 一九〇四（明治三七）年に所有地の一部が鉄道用地として買収された際の文書には、郡村宅地二筆、畑地一四筆に加えて「相応之資産」を有すると記されており、[*9] 噴火湾沿岸のアイヌの多くが貧困で春には日本海沿岸の寿都、歌棄《うたすつ》方面のニシン漁場へ出稼ぎする状況の中にあって、突出した経済力を備えた「名望家」として当時から広く知られていた。一方で多数の熊を捕獲した狩猟の名手でもあり、[*10] 伝統的な儀礼においても周辺の村を束ねる長老格の一人でもあった。

弁開の名を一躍有名なものとしたのは、一九〇〇（明治三三）年の皇太子成婚を祝す子熊献上【口絵5】と、一九〇二（明治三五）年の八甲田山雪中行軍遭難事件の捜索隊への参加で、そのいずれにも村岡が大きく関与していたことが知られる。しかしながら、こうした経済的な実力と高い知名度を備えた弁開にあっても、ピリカ会の和人会員らとの関係は非対称的なものだったようだ。熊狩りの撮影に赴いた際の顛末を鈴木がまとめた新聞連載記事「熊狩日記」[*11] からは、山歩きの間は重い荷物はすべてアイヌが背負っているようすがうかがえる。鈴木は山中で弁開が神に祈りを捧げる姿をながめながら、守り神としている狐の頭骨を「干からびた獣の頭に経木真田《きょうぎさなだ》を巻き付けた様な、頗《すこぶ》る変手古《へんてこ》な物」と揶揄し、「幾度見ても此のカムイノミヲンガミ（筆者注：神への祈り、礼拝）は面白いもので可笑しいもので、実際吹き出し度《たく》なる。僕は込あげる笑を噛殺《かみころ》して起き上った」と記すなど、アイヌへの蔑視を隠そうともしていない。こうした現実から目をそらし、会の結成を「和人とアイヌが親交を深めた」という曖昧模糊とした理解に落としこんだり、絵葉書の発行を「アイヌと和人の努力によって貴重な記録が後世にのこされた」といった情緒的な評価にとどめれば、それは過去の実態を大きく歪めることになってしまうだろう。

「固有の風俗」の再現と選別

『アイヌ風俗写真ヱハカキ』第一輯、第二輯には、家屋内部のようすを写したものとして「第一輯五　アイヌ室内の光景」【図26】と「第二輯一　アイヌ婦人の酒宴」【図27】がふくまれている。前者には「中央の空所を神の窓と呼び、祭具宝器の外出入する事を禁じあるものなり、図は祝日に際し家主はイナオ（幣束／筆者注：「イナオ」とはイナウのこと）を作製し、両婦は今や来客の準備を為しつゝ什具を整理し居るの光景なり、室内の装飾斯く完備せるは斯種族間に於ける最優秀の家庭にして稀に見る処なり」、後者には「此図は盛装したるアイヌ婦人の宴会にして、前面に掲げあるは曾て猟獲せる熊及びオットセイの皮なり、右方の婦人は乾杯して其礼を述べ居る容姿なり……」という、あたかも実際の場面をとらえたものであるかのような説明が付されている。

しかし、この二枚を見比べてみると構図や床と壁に張りめぐらせた茣蓙の状態が一致していることに気づく。実際の家屋では東に設けられる神窓が画面中央に位置するのであれば、刀や制裁棒な

[図26]『アイヌ風俗写真ヱハカキ』第一輯「五　アイヌ室内の光景」。木幣（イナウ）を削る弁開の後ろで漆器の手入れをしている2人は、チャリパス、フッチャルという遊楽部の女性である。（函館市中央図書館蔵）

[図27]『アイヌ風俗写真ヱハカキ』第二輯「一　アイヌ婦人の酒宴」。図26と同じく中央はチャリパス、右はフッチャル。（函館市中央図書館蔵）

どの宝物は向かって左側の北壁に下げられているはずだが、図26では正反対の位置にある。また、神窓はきわめて神聖なもので、図26の位置に実際にあるのであれば、図27のようにその場所を茣蓙でふさぐことも考えられない。これらは実際の家屋内部のようすをとらえたものではなく、セットを組んで内装や小道具を入れ替えながら複数の場面を撮影したものと考えられるのだ。

第一輯、第二輯には家屋の外観をとらえたものとして「第一輯三　アイヌ老婦と熊児」[図28]、「第二輯六　アイヌの酒宴」[図29]の二枚があるが、写っている人物から前者は八雲村遊楽部、後者は長万部村で撮影されたものと特定できる。絵葉書の発行から九年後に編纂された『函館支庁管内町村誌』には、玄関に引き戸が取り付けられ、板壁の窓にはガラスがはめこまれた家屋の前に立つ弁開の姿が収められており[*12][図30]、これが当時の弁開の自宅であったと考えられる。先述の二枚の写真が落部村以外の集落で撮影されたのは、このころにはすでに落部村にはもはや村岡らが求めるような「固有状態」の家屋は見られなくなっており、「風俗参考資料として遺憾なき」写真を撮影するためには別の集落まで出向かなければならなかったためと考えていいだろう。

遊楽部と長万部村で撮影された写真も家屋の外観がとらえられているとはいえ、いずれも人物を中心としたものであり、背景として写る家屋は不自然に見切れている。その理由を示唆するものとして、一九〇八(明治四一)年に来日したドイツ系アメリカ人写真家アーノルド・ゲンテ(一八六九〜一九四二)が撮影した写真と、函館の地蔵町(現在の豊川町)にあった書店の小島大盛堂が発行した絵

[図28]『アイヌ風俗写真ヱハカキ』第一輯「三　アイヌ老婦と熊児」。窓から外をながめている男性は遊楽部のイトムキ。（函館市中央図書館蔵）

[図29]『アイヌ風俗写真ヱハカキ』第二輯「六　アイヌの酒宴」。長万部村の男女が写っており、左から2人目は司馬力八。女性の口元の入墨は不自然に大きく、白黒写真でも鮮明に写るよう、墨などで誇張されているものとみられる。（函館市中央図書館蔵）

[図30] 家屋の前に立つ弁開凧次郎と女性。やや不鮮明ながら、玄関に取り付けられた表札には「辯開凧次郎」と記されているようだ。（北海道立文書館蔵）

葉書がある。図31はゲンテが撮影したものの一枚で、ピリカ会が撮影した図28と同一の家屋をやや異なる角度からとらえているが、その後方には板壁、板葺の和風建築がはっきりと写りこんでいる。同じくゲンテが撮影した図32は、家屋と祭壇の間で漁網の手入れをする男性を写したものだが、そこには板壁、茅葺の家屋が写っている。図32については、小島大盛堂が発行した『北海道土人風俗絵はがき』第二集の中に同じ家屋と男性の姿をとらえたものがふくまれており［図33］、そこに写る人物の一部が一九一一（明治四四）年の皇太子行啓に際して八雲駅で撮影された写真（第2章図22）と一致することから、これも遊楽部で撮影されたものとわかる。つまり当時の遊楽部の集落には茅壁、茅葺の家屋のほかに板壁、茅葺の家屋や板壁、板葺の家屋が混在しており、ピリカ会はその中から「固有状態」に近いと判断した茅壁、茅葺の家屋のみを選び、背後にその基準から外れる家屋が写りこむことのないよう慎重に注意を払っていたものと考えられる。見方を変えれば、ゲンテの写真と小島大盛堂の絵葉書には、ピリカ会が「誤謬杜撰」とみなし切り捨てようとした当時の集落景観の実態がとらえられているのである。[*13]

ゆらぐ「固有の風俗」とその後

もっとも、第一輯、第二輯に収録された一二枚を子細に見てみると、その中には「固有の習俗」

[図31] 屋根の細かな乱れが一致していることから、図28に写る家屋と同一のものと推定される。祭壇の左端には子熊の飼育に用いた給餌用具がぶら下げられているようだ。(Genthe photograph collection, Library of Congress, Prints and Photographs Division.)

[図32] 家屋と祭壇のあいだに座り漁網の手入れをする男性。文様の施されていない労働着姿である。(Genthe photograph collection, Library of Congress, Prints and Photographs Division.)

[図33] 図3と同じく小島大盛堂発行の『北海道土人風俗絵はがき』第二集に収められた1枚。連続して撮影された写真が多数のこされており、そのうち1枚が1909（明治42）年2月19日付の函館毎日新聞に掲載されていることから年代の下限が確定できる。右端に写る男性と背後の家屋は、図32に写るものと同一である。熊の頭骨を祀った祭壇は集落のなかでも狩猟に秀でた男性の家にのみあるため、それがある家屋は注目を集めやすく、くり返し撮影の対象となったのだろう。（函館市中央図書館蔵）

という目標へのゆらぎが顔をのぞかせるものがふくまれている。第二輯の「アイヌの狩猟」［図34］で再現されたのは、弓矢と銃を併用した熊狩りの場面である。銃を構える男性は左手に毛皮をかけており、そのかたわらには弓に矢をつがえた男性が控えている。銃の初弾で手負いとなった熊が射手に襲いかかろうとするのを、もう一人が矢を射かけて防ぎ、なお逆襲してくる場合には毛皮を投げつけて囮《おとり》にし、そこを山刀と鑓《やり》で仕留めようとするという説明は臨場感にあふれており、新たな道具を受容し変化しつつあった狩猟の実態を示すものとして興味深い。しかし、それが絵葉書の背表紙に掲げられた「固有状態」、「固有の習俗」という言葉とどのように整合するのかは不明である。

被写体が若年層となると、ゆらぎはさらに大きなものとなる。「アイヌ児童の遊戯」［図35］は一人の男児が「キラウスアイネプ」（kiraus aynuep「角の生えた人喰」の意か）という怪物に扮した姿をとらえているが、ここで用いられているのは和人の獅子舞の面である。*14 「内地の小児間に行はるゝ」ものと酷似した遊戯に興ずる子供たちの姿が「一見内地人に似たる」は「文化の賜物」と解説するこの一枚では、文化的にいかに和人同様になろうともそれは「一見内地人に似たる」アイヌであるという視線を伏在させたまま、主題はすでに「同化」へと移ってしまっていると言えるだろう。

もっとも、こうしたゆらぎの存在は、ピリカ会の面々にとっては克服すべき課題ととらえられていたのかもしれない。一九一〇（明治四三）年六月には、ピリカ会の村岡、鈴木は落部村のアイヌ島木新吉を案内人として、第三、四輯の刊行に向けた撮影のために白老《しらおい》郡白老村に出向く。鈴木は撮

[図34] 『アイヌ風俗写真ヱハカキ』第二輯「二　アイヌの狩猟」。銃を構えるのは長万部村の司馬力八。(函館市中央図書館蔵)

[図35] 『アイヌ風俗写真ヱハカキ』第二輯「四　アイヌ児童の遊戯」。解説文には「シノッカリ」という遊びのようすだと記されている。(函館市中央図書館蔵)

影の帰途に宿泊した幌別《ほろべつ》でアイヌの家屋に「屋根丈《だ》けアイヌ式」でほかは「板張りの日本造り」となったものが多いようすを目にして、「家屋の構造などはシャモ（和人）に近い」とみなし、「風俗に於ても白老方面とハ大に異なりて渡島アイヌに近い位で全く失望した。今後ハ此の辺の調査をする必要を認めぬ」と記した。そして翌年に刊行された絵葉書には、「白老は北海道に於けるアイヌ部落中主なるものにして、純然たるアイヌ家屋の構造及其風俗を見るに足るもの多し」という解説が付された。ここに、ピリカ会の関心のありかと選別の視線、そして遠く白老村まで出向かざるを得ないまでにいたった理由が明瞭にあらわれている。

第4章

「見せる」と「見られる」のはざま

一九一〇年代の三度の熊送り

熊狩りと熊送り

「アイヌ風俗写真」の題材としてひときわ目につくものの一つに、「熊送り」、「熊祭り」がある。アイヌは熊をキムンカムイ（kimunkamuy「山・にいる・神」の意）とよび、神々が住む世界では人間のような姿をして暮らしていて、ときおり毛皮に身を包み熊の姿となって人間の世界にあらわれるものと考えていた。熊を狩ることは神を迎えることにほかならず、人間は感謝の念をこめその魂を神の国に送り返し、再び熊となって自分のもとを訪ねてくれるよう祈った。

熊狩りは一年を通じておこなわれるが、二〇世紀半ばまでは熊が冬眠から覚める前に巣穴にいるところを狙う「穴熊狩り」とよばれる方法が盛んだった。熊はしばしば古い巣穴を掘り返して再利用する習性があるため、噴火湾沿岸の集落では巣穴を見つけるとかたわらの立木に個人固有の目印を刻んで所有権を示す習慣があった。[*1] チセシロシ（cise sirosi「巣穴の印」の意）とよばれるこの印が刻まれた巣穴に入った熊を他人が勝手に狩ることは許されず、もし狩れば獲物は巣穴の持ち主のものとなり、仕留めそこなって逃げられれば賠償を支払わなければならなかった。その所有権は親から子、あるいは師から弟子へと引き継がれた。

冬の終わり、日中の気温が上昇し、降り積もった雪が融解と再凍結をくり返すことによって固く締まる「固雪《かたゆき》」の季節になると、ハンターは数人のチームを組んで自分たちが所有する巣穴を一つひとつめぐる。巣穴に熊がいるのを発見すると、穴の上に立つ木の神に「あなたの下にいる熊の神に穏やかにしているように言い聞かせてください」と祈りを捧げ、熊が飛び出してこないように入口に杭を打ちこむ[*2]【図36】。そして入口まで出てきたところをねらい、脇腹に毒矢を射ちこんだ。このとき頭部をねらわないのはヒグマの硬い頭骨には矢が刺さらないためだが[*3]、近代以降におもに猟銃を用いるようになっても頭部はねらわないのが礼儀と考えるハンターがいたという。

熊が冬眠から目覚める時期にはかなりの個体差があるため、見に行ったときにはすでに巣穴を出た後ということも少なくない。その時は雪上にのこされた足跡を見て巣穴を出た時期を見きわめ、

[図36]　ピリカ会が発行した『アイヌ風俗写真ヱハカキ』第四輯「五　穴熊猟獲」。熊の巣穴の入口に杭を打ち込んだようす。絵葉書が撮影された当時、弁開らはすでに猟銃を用いていたが、ここでは弓を携え矢筒を負った姿が再現されている。(函館市中央図書館蔵)

まだ近くにいると判断した場合は跡を追った。

こうして文字にしてしまえば簡単なもののように思えるが、実際には巣穴を探している間に物音に驚いた熊が飛び出してきて襲われたり、銃弾が急所を外れて反撃されることもあり、大きな危険がともなった。弁開凧次郎の息子の勇吉は、あるとき雪が積もった斜面を滑り下りる途中に誤って熊の巣穴に落ち、たちまち中にいた熊に襲われた。熊の強力な顎で嚙まれるのを避けるためとっさに喉の下に抱きつき、片手で小刀をとって突き刺し、熊がひるんだすきに銃をひろって撃ち難を逃れたという[*4]。

熊の取り扱いは、捕えた地点や熊の大きさに応じて異なる。山深い場所や、熊が大きい場合にはその場で少量の米や麹、酒の代わりとなる水を供えて解体し、頭骨は簡単な祭壇をつくって祀り、毛皮や高値で取り引きされる胆《い》（胆嚢）、食料となる肉を背負い持ち帰った。集落から応援をよぶことができる場合や、柴をソリにして引ける場合には集落に持ち帰ってから解体し、頭骨は家の東側の祭壇に祀った。こうした場合におこなわれる比較的簡易な送り儀礼が、カムイホプニレ（kamuy-hopunire「神・〜を神の国に送る」の意）、「狩り熊送り」とよばれる。

メスの熊は、冬眠期間中に出産した子熊をともなっていることがある。親熊の魂はみずから神々が住む世界まで歩いていくことができるためカムイホプニレで送られるが、幼い子熊にはまだそれだけの力がない。そこで集落に連れ帰り一、二年の間大切に育てたのち、盛大な儀礼を催して送り出す。これが「熊送り」、「熊祭り」として和人社会に広く知られているイヨマンテ（iyomante「ものを（熊の神）・行か・せる」の意）、「飼い熊送り」である。近隣から多くの来客があり数日にわたって宴が続く、かつてのアイヌにとって最大の祝祭でもあった。子熊の魂は人びとの歌や踊りを楽しみ、綺麗に削られた木幣や団子、酒などたくさんのお土産を背負って、親たちが待つ神々の世界に帰る。そして人間からいかに大切にされたか伝え、それを聞いた熊の神たちは競うようにその家を訪れると考えられていた。

子熊は人間によく懐き、かわいいものだという。母熊に代わって子熊を育てた女性は涙を流しながら送り出した。ここでは、洞爺湖町虻田に住んだ遠島《としま》タネランケ（taneranke）という女性が記憶していた、神をあずかり育て送り出す者の心情を歌いこんだ踏舞の一節を紹介しておこう。*5

ku–kor_a kamuy　私が育てた神よ
tane anakun　今や
hopuni ki na　旅立つのだ
kamuy oro ta　神の国には
kamuy acipo　神の父
kamuy hapo　神の母

kamuy irwak
poronno okay na
itekki cis no
ku–kor_a kamuy
ku–kor_a heper
e–hopuni kuski
e–oman kuski
u aynu acipo
u aynu hapo
e–okake ta
e–paroosuke
esikarun ko
u cis nankor na
itekki hosari
itekki hosipi
e–ki kor tapne

神の兄弟が
たくさんいるのだ
決して泣かず
私が育てた神よ
私が育てた熊よ
旅立たねばならない
行かねばならない
人間の父
人間の母は
お前がいなくなった後で
お前を育てたことを
思い出す度に
涙を流すだろう
決して振り向かず
決して戻らず
そうすれば

kamuy acipo
kamuy hapo ta
e–oman nankor
itekki cis no
kamuy oro ta
e–oman yakka
sine pa sikamare
tu pa sikamare
e–ek ko anak
teeta koraci
u aynu acipo
u aynu hapo
e–resu ki wa
e–oman nankor
itekki cis no
kamuy hapo ta

神の父
神の母のところに
お前は行くだろう
決して泣かず
神の国に
お前が行っても
一年おいて
二年おいて
お前が来たならば
以前と同じように
人間の父
人間の母が
お前を育てて
お前は（神の国に）行くだろう
決して泣かずに
神の母のところに

kamuy acipo ta
e-oman nankor

神の父のところに
行くのだ

「陋習」とみなされた熊送り

近代に入って間もなく、開拓使の内部で熊送りの廃止が検討される。[*6] 一八七二(明治五)年八月、札幌開拓使庁庶務掛《かかり》、会計掛はオムシャ(後述)という儀礼を「旧慣ノ弊風」として廃止するよう伺い出るにあたり、追って「熊祭」についても禁じるべきとの意見を書き添えた。[*7] 続いて同年一〇月には、開墾掛がオムシャと熊送りの廃止を伺い出る。[*8]

石狩札幌土人共、追々開化ニ相赴候ニ付、従来之陋習ヲ洗除致度御座候得共、一時ニ難相去勢モ御座候間、先以オムシヤ熊送リ右二ヶ条自今廃止可仕哉、此段相伺申候也
但本文之義ハ、昨冬已来度々説諭も相加へ置候ニ付、唯今相廃止候テモ不都合之義も有之間敷と存候事
　　壬申十月十日

開拓使は前年には家屋の自焼、女子の入墨、男子の耳輪を禁じ、日本語を習得するよう指示しており、この年には札幌周辺のアイヌ三六名を東京に設置した開拓使仮学校、第三官園に入学させ、日本語での教育を受けさせていた。この時期に特有のきわめて急進的な同化政策である（第一章参照）。一方、ここで禁止が伺い出られたオムシャは、和人がアイヌに対しさまざまな指示を読み聞かせたのち、酒や煙草をふるまう儀礼で、それぞれの場所で年に数回実施され、アイヌに対する「撫育」の一環とみなされてきたものだった。「熊送り」については、「狩り熊送り」をふくむものなのか、「飼い熊送り」のみを指すのか、文書を作成した開拓使の官吏がそれらの区別について知識を有していたのかよくわからない。ただし、幕末維新期までのいくつかの地域では、熊を獲ったアイヌに対して場所を管理する和人の側から米や麹、米粉などを送る慣習があったことが知られている。[*9]毛皮や漢方薬として珍重される胆は本州向けの重要な商品の一つとなっていたから、その生産を奨励する意味があったものと考えられる。この段階で熊送りがオムシャとならんで優先的な廃止の対象として挙げられたのは、単なる伝統文化の否定ではなく、近世から続いてきたアイヌに対する特別な支出を差し止め、和人同様の取り扱いにしていこうという形式的平等主義の文脈から理解するべきだろう。

もっとも、この伺いは札幌周辺の石狩郡、札幌郡のみを対象としたもののようであり、その後どのように取り扱われたのかはっきりしない。そもそも、和人が場を設定して執りおこなわれるオムシャはともかく、熊送りはアイヌが主体となって実施するもので、和人は若干の祝儀を送り時折客として招かれることがある程度にすぎなかったから、仮にこの段階で禁止が指示されたとしても実効性をともなうものとはならなかっただろう。[*10] 実際、こののちも熊送りがとだえる事はなく、和人移民が急増すると、各地でおこなわれる熊送りの会場には珍しい風俗を一目見ようとする和人がつめかけるようになる。

形式化した熊送りと興行

一八八一（明治一四）年の二度目の明治天皇北海道巡幸に際して、九月三日に白老村の行在所でアイヌが「熊祭古式及踏舞」を「天覧」に供した。[*11] ただし、この時の「熊祭」は熊二頭を連れて儀式の「形式」を披露するもので、熊を送る（殺す）ことはなかったとされる。[*12] のちに、こうした形式化されたものをふくむ「熊送り」は貴賓の歓迎や興行の場における定番の演目の一つとなっていく。

興行には、アイヌが居住する集落や、近郊の町に出向いて熊送りなどを実演するもののほか、このころ各地で開催されるようになっていた博覧会に出演するもの、本州以南にわたり劇場や学校を巡業するものなど、さまざまなケースがあった。これらは当時のアイヌにとって現金収入を得る貴重な手段になっていたものとみられ、みずから積極的に売りこみをおこなっている場合もあったが、[*13]

一方で悪質な興行師が介在する場合も少なくなく、とくに巡業の形態をとるものではトラブルが多発していた。

開拓使函館支庁管内では、落部村に居住していたアイヌの仁三郎夫妻が一八七七（明治一〇）年春に興行師にあざむかれ本州にわたり、各地を「ミセモノ」として連れまわされたあげく、神戸で帰郷する旅費すらない状況となり官庁に助けを求めていた。[*14] 長万部村では一八九〇（明治二三）年ごろに二名のアイヌ男女が興行師に連れられて行ったまま、ついに帰らなかった例もあった。[*15]

開拓使札幌本庁の管轄範囲を引き継いだ札幌県管内では、札幌郡篠路《しのろ》村（現在の札幌市北区東茨戸《ひがしばらと》付近）に居住していた能登岩次郎らアイヌ九人が一八八三（明治一六）年春に興行師に連れられ本州にわたり、二人は帰郷したものの、各地を転々とするうちに一人が死亡、名古屋にいたったところで雇主が失踪して帰る手立てを失っていた。[*16] これを受け札幌県は一八八四（明治一七）年四月八日にいたり、アイヌを「他道府県下へ誘引」して「角力・力持又ハ熊祭リ等ノ所業」を演じさせる者が往々にしてあり、「遂ニハ路頭ニ困迷セシメ他ノ救護ヲ煩ス」として、同様の事態が発生しないよう「厚ク注意」するよう諭達した。[*17] ただし、この諭達はアイヌの興行への従事を「正業ヲ失ハシムル」ものとみなし、当時の「保護就産之趣旨」に背くことを問題視したものである点には注意しておかなければならないだろう。その後も官庁は数度にわたって同様の注意を発するものの、いずれも効果は乏しく、各地でおこなわれた興行としての熊送りには多くの観客がつめかけ、数多くの写真が撮影され、「熊送り」、「熊祭り」の名を冠したアイヌ風俗写真が大量に流通していくことになる。

一九一二年の「熊祭観覧会」

図37は函館の末広町にあった松吉絵葉書店が発行した絵葉書で、「アイヌ熊祭り実況　其三」というタイトルが付されている。儀礼用の刀や矢筒で飾り付けられた祭壇の前に二頭の熊が安置され、酒を満たした盃や団子が捧げられている。そのかたわらでは儀礼用の冠を被った三人の男性が礼拝の構えをとっているが、すぐうしろにまで大勢の見物客がせまっている。この資料には撮影の時と場所を示す記載は一切ないが、同じ儀礼をとらえた別の絵葉書のなかに「函館毎日新聞社主催アイヌ熊祭ノ実況」と記されたものがあり[口絵6上]、一九一二(大正元)年一二月一八日〜二四日の函館毎日新聞に掲載された「アイヌ熊祭画報」に同じ行事の模様を撮影した写真が多数掲載されていることから、同年一二月一五日に長万部で開催された熊送りを撮影したものと特定できる。[*18]

この時の儀式は、長万部村のアイヌが子熊を飼育しており、近く熊送りを執りおこなうとの情報を得た函館毎日新聞の関係者が、有力者を通じてアイヌと折衝したうえで村と警察の協力を取り付け、同社主催の行事として開催することを決定したものだった。同紙一二月五日夕刊に「熊祭観覧

会　来十五日長万部にて」という予告記事が掲載され、一〇日から参加申し込みの受付が開始されている［図38］。募集広告や関連記事には熊送りについて「年と倶《とも》に弛廃《しはい》して古式の面目を失わんとするを憾《うらみ》とし」、「年一年と古式が省略せられて日本化する傾あるを遺憾とし」といった消滅がきわめて近いと印象づける文句がならび、それゆえに「長万部土人最後の記念」として、「純正な古式に依って挙行」される今回は貴重な機会であると強調されている。

しかし、当初締切として設定した一三日が近づいても申し込みは定員に達せず、同日の紙面には復路の電車を増結して午後七時には長万部を出発できること、厳寒期に開催するのは「止むを得ざる土人の慣例」であり、ゆえに貴重であるとする記事が掲載された。さらに開催前日の一四日夕刊には、会費二円五〇銭で昼夜二食つきという料金の手頃さをアピールしつつ、「メノコ中の美人をピリカメノコという由なるが、熊祭の時にはアイヌの美人を選り抜いて大勢今日を限りの盛装をこらし、アイヌ特有の踊りを演ずる由」という低俗な文句までも書き連ねられた。

結局、開催当日にようやく満員となり、参加者一〇八名に函館毎日新聞社から社員六名、写真部員二名を加えた総勢一一六名が参加することとなった。その中には函館相生町蜊坂《あさりざか》にあった芙蓉写真館、鉄道写真部、錦輝館の活動写真撮影隊などが加わっていた。一行は午前七時四〇分に函館駅を出発し、正午すぎに長万部に到着、駅前でアイヌ代表者の歓迎を受けたのち、徒歩で会場に向かって午後一時に到着した。会場にはすでに長万部村の内外から集まった多数の観覧客がつめかけ

[図37]　熊送りの見物につめかけた大勢の観客。2人の長髭の男性の間に見える眼鏡をかけた男性は、函館図書館の創設者として知られる岡田健蔵。（函館市中央図書館蔵）

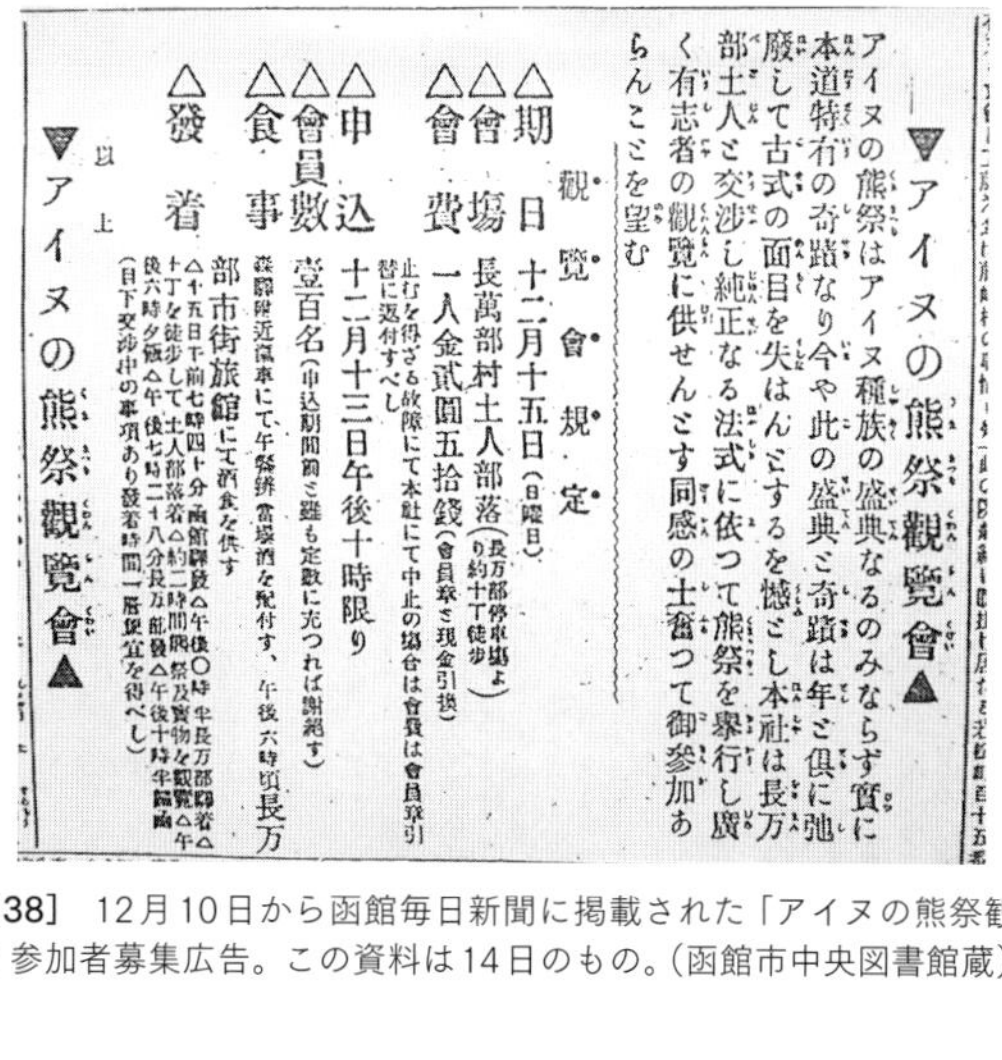

▼アイヌの熊祭觀覽會▲

アイヌの熊祭はアイヌ種族の盛典なるのみならず實に本道特有の奇蹟なり今や此の盛典と奇蹟は年と倶に弛廢して古式の面目を失はんとするを憾とし本社は長万部土人と交渉し純正なる法式に依つて熊祭を擧行し廣く有志者の觀覽に供せんとす同感の士奮つて御參加あらんことを望む

觀覽會規定

△期日　十二月十五日（日曜日）
△會場　長萬部村土人部落（長万部停車場より約十丁徒歩）
△會費　一人金貳圓五拾錢（會員券と現金引換）
止むを得ざる故障にて本社にて中止の場合は會費は會員券引替に返付すべし
△申込　十二月十三日午後十時限り
△會員數　壹百名（申込期間内と雖も定數に充つれば謝絶す）
△食事　森驛附近當車にて午餐辨當場酒を配付す、午後六時頃長万部市街旅館にて酒食を供す
△發着　△十五日午前七時四十分函館驛發△午後〇時半長万部驛着△十丁を徒歩して土人部落着△約二時間熊祭及實物を觀覽△午後六時夕飯△午後七時二十八分長万部發△午後十時半歸函
（目下交渉中の事項あり發着時間一層便宜を得べし）

以上

▼アイヌの熊祭觀覽會▲

[図38]　12月10日から函館毎日新聞に掲載された「アイヌの熊祭観覧会」参加者募集広告。この資料は14日のもの。（函館市中央図書館蔵）

ており、観覧会参加者のために設けられていた席も人であふれ、熊の飼い主の家屋に隣接した熊檻の周囲は「群衆は十重二十重に周囲を取巻いて進むも退くこともならず」という大混雑を呈していた【図39】。そうした中でアイヌは飼育していた二頭の熊を一頭ずつ檻から出し海岸まで歩かせたのち、頸部を二本の木ではさんで絶命させた。その後、祭壇前に安置した二頭の熊に対して来賓の弁開凧次郎が礼拝を捧げ、長万部村の三荊《さんばら》栄助らがそれに続いた【口絵6下】。

観覧会は午後三時ごろには終了し、参加者は長万部駅前の旅館で休憩したのち列車に乗って函館に戻ったが、この熊送りは実際には一二月五日だけでなく、四日から六日まで三日にわたっておこなわれたものだったという。つまり儀礼のうち中日のもっとも「見栄え」がする二時間のみが観覧に供されていたのである。そこには和人に対し「見せる」ことと、長万部および近隣のアイヌ集落あげての儀礼、祝祭という側面が両立されたさまを見てとることができる。

当日のようすを報じた新聞記事には、長万部村のアイヌの「伍長」司馬力八《りきはち》(一八四八〜一九二五)が熊送りの開催を「土人の名誉であると喜んで老軀を厭わず東奔西馳して尽力」していたと記されている。司馬はアイヌ名をリキンテといい、祖父モナシリ、父チャンレキから代々集落の「役土人」を務める家系に育ち、番屋で奉公した経験から日本語も巧みであった。こうした和人の側から「能く時勢に通じ、事理を弁えて居る」と評される人物が祭場の実査に立ち会い、観覧席の位置の決定などにも関与していたことも見逃すべきではないだろう。

[図39]　熊に縄を付けて檻から出し、歩かせる。周囲につめかけた多数の観客と、撮影隊と思われるカメラを構えた人物が見える。（函館市中央図書館蔵）

一九一八年の二回の熊送り興行

図40は、小島大盛堂が発行した『蝦夷みやげ　土人熊祭り』と題する一〇枚組の絵葉書である。裏表紙には「熊祭の前儀」から「儀式後」まで一連の式次第を思わせる記載があるが、収録されたものを見比べてみると、背景に木々が写りこんだ大きな広場で写されたものと［図41・42］、屋根が設

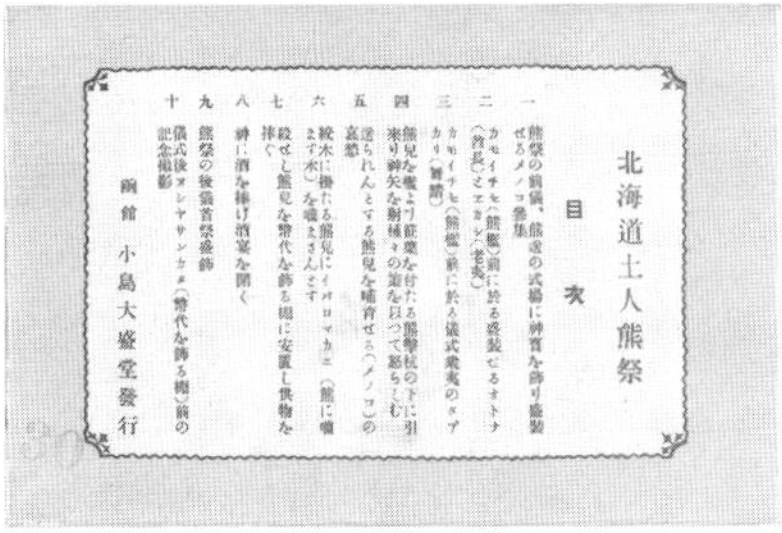
北海道土人熊祭

目次

一 熊祭の前儀、熊送の式場に神酋を飾り盛装せるメノコ参集
二 カムイチセ（熊檻）前に於ける盛装せるオトナ（酋長）とエカシ（老爺）
三 カムイチセ（熊檻）前に於ける儀式業處のタプカリ（舞踏）
四 熊兒を檻より鎖を付けたる繋留杭の下に引來り神矢を射て種々の方法を以つて怒らしむ
五 送られんとする熊兒を哺育せる（メノコ）の哀愁
六 絞木に掛けたる熊兒にイナロマカニ（熊に嚼まず木）を嚼ませんとす
七 殺せし熊兒を幣代を飾る處に安置し供物を捧ぐ
八 神に酒を捧げ酒宴を開く
九 熊祭の後儀首祭盛飾
十 儀式後ヌシヤサンカヌ（幣代を飾る處）前の記念撮影

函館　小島大盛堂發行

［図40］　小島大盛堂が発行した絵葉書『蝦夷みやげ　土人熊祭り』の表紙と裏表紙。デザインの若干異なるものが二種類流通していたことがわかっている。（筆者蔵）

けられた舞台と桟敷席に囲まれた場所を会場としたものがあり〔図43・44〕、二つの異なる熊送りで撮影された写真を組み合わせたものであることは明らかである。

このうち前者は、雑誌『婦人世界』一九一八（大正七）年一〇月号と[*19]、同年八月二〇日付の函館毎日新聞に図41と同一のカットをふくむ写真が掲載されており、同年八月一七日に函館郊外の大沼公園で開催された新日本三景記念碑の除幕式に際して、余興の一つとしておこなわれた熊送りを撮影したものと確定できる。「新日本三景」とは、実業之日本社が一九一五（大正四）年に選定を開始し、翌年に静岡県の三保の松原、大分県の耶馬渓《やばけい》とならんで北海道の大沼公園が選ばれたもので、一九一八（大正七）年には同社が刊行していた『婦人世界』の創刊一〇周年を記念して記念碑が建立されることとなった。アイヌとはまったく無関係に思えるこのイベントに、余興としてアイヌがよばれ熊送りを執りおこなったのである。

当日の式典は正午にはじまり、近隣の小学校の児童による君が代斉唱ののち、高信峡水主筆による選定理由の説明があり、増田義一社長による式辞が読み上げられ、地元大沼の名士の手によって記念碑が除幕された。そののち昼食会に続いて「熊祭り」がおこなわれた。熊送りの開催にあたっては、一九一四（大正三）年に森村から大沼に転居していたピリカ会の村岡格が手配を担い、「わざわざ二歳の熊を購《あがな》い、遠く長万部、白石[*20]（ママ）、落部あたりから二十余名のアイヌを招いて」、祭司を弁開凧次郎に委ねたとされる。[*21]晩餐会では「熊祭で屠《ほふ》った熊の肉のカツレツ」がふるまわれたという。

もう一つの熊送りの写真は背後に「納涼遊」の文字が判読できるものがあり［図43］、参加者の顔ぶれは長万部村の人びととなっている［図44］。この二点が、一九一八（大正七）年八月三〇日付の函館毎日新聞に掲載された「アイヌと熊祭」と題する記事の中の「この九月一日、当地エビス町納涼遊覧会でアイヌの熊祭が催されることになりました」、「此度びのは長万部地方のアイヌ達がやるので……」という記載と一致することから、この時の熊送りをとらえたものである可能性が高い。

この記事を執筆した小田桐剣二は、東京帝国大学理科大学に学び、一九一七（大正六）年四月には『日本阿夷奴《あいぬ》学会』主幹を名乗り、[*22]雑誌『阿夷奴研究』の編輯兼発行人を務めていた人物である。記事には「岡田図書館主事と私（小田桐）とが其計画に預ってをります」という記述もあり、この時に使用された祭壇の一部が現在市立函館博物館に収蔵されていることから、[*23]人類学的な関心をもった人物の調査研究や資料収集活動と、イベントの余興を兼ねて開催されたものと考えられる。

ここに写された二度の熊送りはいずれも一九一二（大正元）年のものとは異なり、最初から和人が企画しアイヌを呼びよせたものだったのである。

[図41]『蝦夷みやげ　土人熊祭り』「五　送られんとする熊児を保育せる（メノコ）の哀愁」。同じ写真は1918（大正7）年8月20日付函館毎日新聞に「大沼新三景碑除幕式の熊祭」と題して掲載されている。（筆者蔵）

[図42]『蝦夷みやげ　土人熊祭り』「一　熊祭の前儀、熊送の式場に神宝を飾り盛装せるメノコ参集」。右手を左手の先から鼻の下へと撫でるようにうごかす女性の礼拝（ライミク）をする姿。（筆者蔵）

熊祭の後儀首祭盛飾　（北海道土人熊祭）

［図43］『蝦夷みやげ　土人熊祭り』「九　熊祭の後儀首祭盛飾」。熊の頭部を飾りつけ祭壇に祀ったようす。集落で熊送りを実施する場合に比べ、祭壇は小さく簡略につくられている。背後の舞台の上には「納涼遊」の文字が見える。左は三荊栄助、右は司馬力八。（筆者蔵）

[図44]『蝦夷みやげ　土人熊祭り』「十　儀式後ヌシヤサンカタ（幣代を飾る棚）前の記念撮影」。「ヌシヤサンカタ」は現在一般的な表記ではヌササンカタ（nusasan ka ta）で、「祭壇の上で」を意味する。このように不正確な訳文が付されたものも珍しくない。後列左から4人目から順に三荊栄助、司馬力八、司馬力彌。前列左から3人目は図29右端の人物、5人目は司馬力八の妻サリ。（筆者蔵）

写されなくなった集落の暮らし

ここまで、噴火湾沿岸の人びとが関与した三度の熊送りについて述べてきたが、当時の長万部村のようすについて、北海道史研究者の河野常吉（一八六三〜一九三〇）の野帳によってみていきたい。*24 一九一九（大正八）年末のまとめでは、村内には二三戸九九人のアイヌが暮らしており、経済的には、「職業ハ農・漁二途《にと》ニシテ、収入ハ支出ヲ支ルニスキズ」という困窮の中にあった。また、「『アイヌ』ハ常ニ商人ヨリ仕入ヲ受ケアリ、之カ為メ誤魔化サレタルヿ《コト》少ナカラズ、アイヌニハ帳簿モナキ故、商人カ勝手ニ貪リ取ル故ナリ」という構図もなお人びとを苦しめていた。

一方、家屋は「皆和人風ニ習ヒ床ヲ掲ゲ」、衣服は「和風ニテ、『アッシ』ヲ織コトハ凡ソ四十年前位ニ止メ」るなど、文化的な変容が一層進んでおり、「唯《ただ》熊祭ノ時旧風ノ服装ヲ為スニ過キス」と記される状態にあった。この時期には噴火湾沿岸の集落景観を収めた「アイヌ風俗写真」がほとんど確認できなくなるが、それは集落や人びとの日常の姿が表面上和人と大差ない状況になったことにより、写すべき価値があるものとして認識されがたくなっていたためと考えていいだろう。観察可能なわかりやすい差異として熊送りのみが撮影の対象となり、多くの写真がのこされたのである。

和人のまなざし

熊送りの会場につめかけた和人は、異文化にどのような眼差しを向けていたのだろうか。

一九一二(大正元)年の長万部村での熊送りを報じた記事は、アイヌの歌謡を聞けば「手を拍って何事か合唱し居れども、甚だ簡単なるものにして更らに興なし」とけなし、熊をたくみにいなすアイヌを見ては「アイヌは強きものなり——少なくも熊に向っては——」と揶揄をはさみこむ。[*25]

一九一八(大正七)年に大沼公園で開催された熊送りのあとには、晩餐会で二名のアイヌ女性が「アイヌの義太夫」を披露した。記述からこれがユカㇻ(yukar 英雄叙事詩)の口演であったことは間違いないが、それを聞いた記者は「木箱をばポンポンと叩きながら、名状すべからざる一種の妙音を出して、何にやら訳の分らぬ唄ともつかない唄を唄う」と蔑み、アイヌ語を解さない観客のために日本語であらすじを語ったのを聞いてなお、「意味を聴いても、何等の感興も湧かないが、兎に角アイヌの義太夫というものは斯んなものであるかという事丈けでも、内地の人々は勿論本道人に取ってさえ奇異の感を以て聴かれた」と記した。[*26] そこには他者の文化に対する敬意など微塵もない、差別意識に満ちた文がならんでいる。

『婦人世界』に掲載された記事には、英雄叙事詩に続いて披露されたアイヌ女性(弁開凧次郎の娘)

の歌謡を聞いた「一記者」が、「今は纔《わずか》に政府の保護によって生存《いきなが》らうるアイヌ種族の悲しみは、淋しい哀韻となってその刺青をした唇を洩れました」と記している。[*27] ここでいう「政府の保護」とは、一八九九（明治三二）年に制定された「北海道旧土人保護法」に象徴される、一連の対アイヌ政策を指すものであろう。

「保護民」という認識

アイヌは近世まで豊かな自然環境を基盤とした狩猟採集社会を維持し、和人をはじめとする周辺の諸民族と交易活動をおこなってきた。しかし近代に入ってまもなく乱獲や異常気象により鹿は急速に減少して絶滅に瀕し、河川での鮭漁には大きな制限が課せられたことなどにより、はやくも一八八〇年代前半には日高、十勝地方のアイヌが深刻な飢餓に瀕することになる。こうした事態に対し、根室県、札幌県が相次いで国費を財源とする「旧土人救済方法」を定め、それにもとづいて各地に「旧土人貸与地」などとよばれる土地が設定され、一部では実際にアイヌに土地を割り当てたうえ農業指導員が配置されたが、危機的な状況が過ぎ去ると積極的な「指導」は中断された。

そののち、内陸部への和人の移住が推し進められ、アイヌが生業活動を展開してきた広大な土地が次々と和人の所有地となっていく。こうした地域のアイヌが使用していた宅地、耕地は地租創定の時点では測量の対象にもされず、その後も所有権が未確定のまま事実上放置されている例が少なくなかった。それらをふくむ土地が「国有未開地」として和人移民に対し「解放」されたのである。北海道庁は一八八九（明治二二）年の樺戸《かばと》郡トック原野解放以降、土地払下げにあたってあらかじめ三〇〇間四方の「殖民区画」を設定するようになっていたが、一八九四（明治二七）年になって、殖民区画設定時に周辺にアイヌが居住している場合には、現住戸数に応じて一戸あたり一万五〇〇〇坪（約五ヘクタール）以内の「土人保護地」（以下、「保護地」）を存置すべきことを決議する。こうした一連の施策から読み取れるのは、アイヌの従来の生業活動については一切考慮しないまま和人移民のために広大な土地を用意することを最優先し、そこから排除されるアイヌに対してはせまい「保護地」に集住することを求め、そこで農業に従事させるという発想の順序である。

アイヌの困窮は政府による土地収奪と、国策による和人移民導入の結果にほかならない。それにもかかわらず、当時最先端の科学的知識であった社会進化論にもとづく「優勝劣敗」というレトリックにより、「文明」の側に立つ和人が「未開」「野蛮」にとどまる「劣等民族」「滅びゆく民族」に施す「保護」としてこれらの政策が認識されていたのである。

そのうえ、「保護地」は官有地第三種のまま使用を許されているにすぎず、法的根拠を欠いていたこともあり、和人移民に実質的な所有権を奪われる事態が頻発した。そこでアイヌが使用する土地を、強い所有権制限をかけた私有地へ移行させることをおもな目的として一八九九（明治三二）年定められたのが、「北海道旧土人保護法」（以下、「保護法」）であった。

第一条　北海道旧土人ニシテ農業ニ従事スル者又ハ従事セムト欲スル者ニハ、一戸ニ付土地一万五千坪以内ヲ限リ無償下付スルコトヲ得

一万五〇〇〇坪（五町歩。一町歩は約一ヘクタール）という面積は、当時の北海道で農業経営をおこなうために最低限必要と考えられていた面積だったが、のちにこの面積では不足と考えられるようになり、道外からの和人移民をおもな対象とする「特定地制度」では、一〇町歩が無償付与されるようになる。しかしその後も、「保護法」の規定は改められることはなかった。そのうえ、実際にアイヌに対して「下付」された土地は、湿地（斜里郡）や著しい傾斜地（浜益《はまます》郡、久遠郡、太櫓郡、瀬棚郡、白老郡）であったり、川沿いに設けられていたために洪水により流失する（白糠《しらぬか》郡）など劣悪な場合が多く、各地で問題が頻発した。

噴火湾沿岸の場合には、山越郡の長万部村と遊楽部（八雲村、山越内村）にそれぞれ函館県が官有地第三種のままにすえ置いた農業用の土地があり、これがのちに「保護地」として扱われるようになっていた。このうち遊楽部の土地について、河野常吉ノート『アイヌ研究材料乙　歴史及法規』には次のように記載されている。[*28]

遊楽部土人ハ其部落ノ西ニ接シテ一大給与地ヲ有セシニ、其後道路際ノ処ハ返地シテ戸長役場其他ヲ建設スルコトトナリ、又廿六年其敷地ノ一部ヲ返地セシメテ寺院ナド建テント企テタル村民アリ

元来右給与地ハ地質不良ナルカ上ニ、良キ処ハ前述ノ如ク返地セシメラレ、他ノ地モ近傍ノ馬追業者ナドカ馬ヲ放チ作物ヲ蹂躙《じゅうりん》スル等ノ為、其地ニテ耕作スル能ハズ、土人ハ大抵遠隔セル和人ノ地ヲ借リ伐木開墾シテ耕作スルガ、折角畑トナセバ翌年ハ直ニ和人ニ取上ラル、ガ例ナリ

「保護地」のうち比較的条件の良い土地は次々と返上させられ、のこりの土地も和人が放牧地に使用しているため利用できず、アイヌはやむなく遠く離れた土地を和人から借りて開墾しているが、ようやく畑にすると所有者の和人に取りあげられてしまっていたのである。「保護法」は、山越郡内各村ではこうした惨憺たる状況に置かれていた「保護地」の残余と、地租創定時に官有地第三種に編入することが決定されたまま放置されていた宅地を、強い所有権制限を加えた私有地に移行させることになった。

次の史料は、一九〇二（明治三五）年に、遊楽部のアイヌ二五名による土地の「下付」申請を受け、

函館支庁長が本庁長官に提出した上申書である。[29]

地第六三五号

土地下付願進達ニ付上申

部内胆振国山越郡八雲村及山越内村ニ於テ、旧土人[redacted]外二十四名ヨリ別紙土地下付出願ニ付調査スルニ、本地ハ明治十八年中旧土人開墾予定地トシテ願人等ヘ割渡、官有地ノ侭使用セシメ置カレタルモ、何等保護取締ノ方法ナク十数年ヲ経過シ、其間種々ノ弊害発生スル恐レ有之候中、明治三十二年三月旧土人保護法発付相成、是レニ伴フ施行規定モ設ケラレ、明治三十三年九月十五日殖拓第五八五一号部長通牒ノ次第モ有之候ニ付、実地調査ヲ遂ケ説示ノ上、本願提出セシメタルモノニ有之候条、御許可相成候様致度、願書進達目録相添此段上申候也

明治三十五年四月拾日

函館支庁長

北海道庁支庁長龍岡信熊（印）

北海道庁長官男爵園田安賢殿

（二五名分願書目録省略）

この文書には、土地「下付」申請がアイヌの意志に発したものではなく、官庁が主導して申請書を「提出セシメ」たものであることが明記されている。[*30] 添付されていた「土地下付願」には、「右ハ農業ニ従事致度候間、北海道旧土人保護法第一条ニヨリ無償下付被成下度、別紙図面及家族調相添、此段奉願候也」と記されているが、これは書式に示された定型文にすぎず、複数人いる申請者名の筆跡も不自然に一致しており、すべて一括して代筆されたものとみられる。

そもそも、勧農という政策そのものが漁業を中心とするこの地域の実態と合致するものではなかったが、それがこの地域の場合には長い間放置されてきた土地の処理に流用されたのである。こうした手続きを経て「下付」された土地は、実際にはアイヌが従来から利用してきた宅地、耕地を追認したものにすぎず、その面積は保護法が定める上限(一万五〇〇〇坪)に遠くおよばなかった。弁開凧次郎らが暮らしていた落部村にいたってはそもそも「保護地」は設定されておらず、「保護法」による土地の「下付」が実施された形跡もない。

文化を「見せること」と「見られること」

このように官による「保護」がしばしば内実をともなわないものであったにもかかわらず、法律の

[図45]　松吉絵葉書店が発行した『北海道風俗　アイヌ熊祭の実況絵はがき帖』(10枚組)の1枚(部分)。祭壇に祈りを捧げる三荊栄助と、そのようすを見つめる見物客。この絵葉書帖はすべて1918(大正7)年9月1日の熊送りを撮影した写真からなる。小島大盛堂のものとは構図が微妙に異なることから、複数の人物がこの熊送りを撮影していたことがわかる。(函館市中央図書館蔵)

存在と「保護」を喧伝する各種の報道によって、アイヌをすべからく「保護民」とみなす強固なイメージが形づくられ、侮蔑的な視線を向けられることとなった。

みずからの文化を他者に見せ、対価を得る行為そのものは、恥ずかしいことでも非難されることでもないものとなる可能性を有している。しかし、この当時アイヌと和人は圧倒的に不均衡な関係にあり、和人がアイヌに向ける蔑視によって、アイヌの文化はことごとく「野蛮」な「見世物」とみなされ、その姿は生存競争に敗れた「滅びゆく民族」の哀れなものと見下げられていた。この時代のアイヌにとって、文化を「見せる」ことは否応なしに、こうした偏見に満ちた和人のまなざしの前にみずからの身をさらすことを意味していた［図45］。

第5章

押し寄せる旅行者と観光地化をめぐる葛藤

一九二〇～四〇年代

長万部につくられた展示施設「ヱカシケンル」

一軒の家屋の前に一四名の盛装した男女がならび、後方の木立のかたわらには木幣を立てならべた祭壇が見える［図46］。「現代長万部アイヌの集合」というタイトルが付されているものの、「現代」がいつの時点なのかは明示されていない。この資料が収められていた封筒には、「アイヌ古代風俗ヱカシケンル（祖先の尊き家）絵葉書」と記されているが、「古代風俗」や「祖先」という過去を象徴する言葉と「現代長万部アイヌ」がどのような関係にあるのかも、ここから読み取ることはできな

[図46]　家屋の前に整列した14人の男女。後列左端は司馬力彌、前列右端は三荊栄助。（国立民族学博物館蔵）

い。

「ヱカシケンル」という名称を手がかりに文献をたどると、一九三一（昭和六）年七月一五日付の八雲新報に、長万部村に「ヱカシケンル即ち尊き祖先の家」と名付けた家屋を古式にのっとり建設中で、内部には「アイヌの器物」をならべて詳細な解説を付し、「訪問客の便利を計る」計画であることが報じられていた。この施設は同月二〇日に落成し、記念式典には村長、区長、村議ら多数が参列したという。八月三〇日付の報知新聞北海道樺太版に掲載された記事には図46と同一の写真が添えられており、これを撮影時期の下限と考えることができる。絵葉書はこの年の七月下旬から八月の間に、旅行者のニーズに応えることをおもな目的として設置された展示施設の前で撮影された写真を用いて製作されたものだったのである。

「アイヌ部落」を目指す和人旅行者と観光業の萌芽

一九一〇年代以降、交通網の発達と旅行の隆盛により多くの旅行者が北海道各地のアイヌの集落に直接足を運ぶようになり、それを受けていくつかの地域ではみずからの集落を舞台とした観光業に活路を見出すアイヌがあらわれていた。なかでも早くから著名になったのが、太平洋に面した白老郡白老村と石狩川上流の上川郡に位置する旭川近文《ちかぶみ》である。

白老村の状況

白老郡には一八八一（明治一四）年の時点で、白老、社台《しゃだい》、敷生《しきう》の三村に計一三三戸五三一人のアイヌが暮らし、漁場での労働を中心とする生活を営んでいた。地租創定の際には開拓使により一戸当たり宅地九〇坪、耕地三〇〇坪程度が官有地第三種として存置され、一九一二（明治四五〜大正元）年には「保護法」により相次いで土地が「下付」されている。土地の「下付」に際して作成された土地実測図には、一八九五（明治二八）年の「旧土人給与図」、「旧土人使用地調査図」を基礎としたと記載されたものがあり[*1]、並行して作成された文書にも、「下付」地は従来から「旧土人給与予定地トシテ区画ヲ設定シタル箇所」で「現在家屋ヲ建設居住又ハ一部分ヲ開墾シ野菜等ヲ蒔付シアリ」と記されている[*2]。

これらの点から、白老郡における「保護法」による土地の「下付」は基本的には「保護地」とされていた従前の使用地を追認する形をとったことがわかる。ただし、「保護地」をもとにした土地は宅地とその周辺の耕地を合わせて四五〇坪程度と狭かったためか、白老村と社台村の住民に対しては山間部に一戸当たり四町歩、計三五〇町歩ほどの原野が別途「下付」された[*3]。

しかしながら、この山間部の土地は居住地から遠く離れていたうえ、耕作可能な部分は合わせて二〇町歩ほどにすぎず、のこりは「殆ど崖で放牧地にもならぬ」というきわめて劣悪なものだった[*4]。勧農という法の趣旨とはかけ離れた、帳簿上の数字のつじつま合わせ程度の意味しかもたない措置がとられたと言っていいだろう。支庁や村役場がこうした実情を把握していなかったとは考えにくいが、村役場は後年作成した文書の中で、開墾が進まない原因を「本村土人ノ農業ハ、未タ其必要ナルノ観念ニ乏シク」とアイヌの姿勢に求め、漁業のほかに見るべき産業がない状況を「持久的産業ニ従事スルヲ嫌忌スル」、「彼等ノ粗放ナル天性」の結果であるとまで記していた。[*5] こうした実効性を欠いた「保護」が効果を発揮するはずもなく、一九二一（大正一〇）年の時点でも漁業で生計を立てる人びとの生活は変わらず、その経営は和人に雇用されるものが多く、ニシン漁の時期には樺太方面の漁場に出稼ぎにいくことが常態化しているという苦しい状態にあった。[*6]

白老村は開拓使が函館と札幌をつなぐ幹線として建設した「札幌本道」に面しており、一八九二（明治二五）年に室蘭から岩見沢をむすぶ鉄道が開通すると、集落の間近に白老駅が置かれた。こうした交通の便のよさと、経済的な厳しさから近隣の集落に比べ伝統的な景観が保たれていたことがあいまって視察や修学旅行などで多くの旅行者が訪れるようになり、その数は一九二〇年前後から顕著に増加したとされる。[*7]

このころ白老村を訪れた人びとは、和人移民の満岡《みつおか》伸一（一八八二～一九五〇）が案内に立ち、熊坂シタッピレ（一八七三～一九四二）らが舞踊を実演するようすを目にしている[*8]［図47］。満岡は佐賀県に生まれ、幼少期に北海道にわたって一九一二（明治四五）年から白老郵便局長として勤務していた人物で、一九二二（大正一一）年ごろには自身の見聞をまとめた『アイヌの足跡』を著し、[*9] 要人の応接

[図47]　家屋の前で踊りを演じる熊坂シタッピレら。当時の白老村では和人移民の木下清蔵が撮影した写真を田辺真正堂など複数の書店や土産物屋が絵葉書に仕立てて販売していた。（北海道博物館蔵）

に欠くことのできない「アイヌ部落の案内者」として知られていた。[*10] ある訪問者はアイヌの前に立ち雄弁に語る満岡の姿を、「黙せる彼等の唯一の通弁」と表現した。[*11]

一九三〇年代には数多くの旅行案内に「白老土人部落」が名所として掲載され、[*12] 宮本エカシマトク[*13]（一八七六～一九五八）や沙流《さる》郡二風谷《にぶたに》村（現在の平取《びらとり》町二風谷）出身の貝澤藤蔵《とうぞう》（一八八八～一九六六）らが参入して街頭で激しい顧客獲得競争をくり広げるようになる。周囲には和人が経営する案内所や土産物屋、写真館が建ち、衣文掛や糸巻、木彫パイプなどの工芸品とともに、数多くの絵葉書、写真が販売されていた。

旭川近文の状況

石狩川上流域の上川郡は、一八八〇年代半ばまでは和人の定住者がいなかったため行政村も設置されず、アイヌは人口の把握も十分になされないまま事実上放置されていた。しかし、一八八六（明治一九）年に樺戸集治監、空知《そらち》集治監（集治監は監獄の前身）の囚人を動員して上川道路が開鑿《かいさく》されると状況は一変し、一八九〇（明治二三）年に旭川、神居《かむい》、永山の三村が設置され、和人移民が急増する。[*14] 先住していたアイヌは生業の基盤としてきた広大な土地を奪われ、近文原野に設定された「保護地」（旧土人開墾予定地）に押しこめられたが、一八九八（明治三一）年に鉄道上川線が開通し近文駅が置かれ、翌一八九九（明治三二）年に陸軍第七師団の移駐が内定すると、駅と師団予定地の間に位置する「保護地」は一転して前途有望な土地とみなされるようになる。以後、「保護地」を奪い取ろうとする和人と維持を目指すアイヌとの間で葛藤が生じ、結果として上川郡のアイヌは「保護法」による土地の「下付」を受けることもできないまま、本来の「保護地」の北縁部に一戸あたりわずか一町歩の荒れ地を割り当てられ、そこを根拠として生活を営んでいくことを余儀なくされた。*15

こうして形成された近文原野のアイヌ集落は、都市の近傍でアイヌが見られることから軍人をはじめとする数多くの訪問者があり、一九一〇年代にはすでに川上《かわかみ》コヌサ(一八六〇〜一九四二)が自宅に「アイヌ文化参考館」を構え、訪れる人びとを迎えていた[図48]。

ここでは、アイヌ児童を対象とした学校の教員を務めていた和人移民佐々木長左衛門(一八七九〜一九五三)が、一九二二(大正一一)年に『アイヌの話』、二六(大正一五)年に『アイヌの熊狩と熊祭』、二九(昭和四)年に『北海道旭川市アイヌ写真帖』を相次いで出版し、一九二六年には土産物店「佐々木豊栄堂」を開いて、近文のアイヌが製作した工芸品のほか、みずから執筆した書籍や写真集、絵葉書などを販売していた。この時期、観光業に乗り出すアイヌとそれに深く関与する一部の和人、工芸品や絵葉書などの販売という、のちにつながる観光産業の構図が確立したといってもいいだろう。

［図48］ 家屋の前に立った川村コヌサ（右から4人目）ら。このようにアイヌの民族衣装をまとった高齢者と和服姿の若者を対比させ、日本統治下でのアイヌの「進化」を際立たせようとしたものもしばしば見られる題材である。（北海道立図書館蔵）

アイヌ社会に生じた亀裂

観光業は一部のアイヌに貴重な収入をもたらしたものの、軌道に乗ったのはごくかぎられた地域であり、従事しているのはそれぞれの集落の中の数戸にすぎなかった。こうした動きに対して、同族からは激しい批判の声もあった。有珠《うす》郡のアイヌの有力者向井富蔵の娘として生まれ、のちにイギリス人宣教師バチェラーの養女となった向井八重子（一八八四〜一九六二）は、ウタリ（同族）を見物に訪れる和人のふるまいに強い屈辱を感じていた。[*16]

此頃は段々雑婚や生活程度の向上に伴い、和人化して参りましたので、自然昔の様なウタリの姿が少くなりました。それ故かウタリを珍らしいもの扱にせられ、毎年夏になりますと内地からお客様が見え、窓から首をさし込んで見て宛然《さながら》動物園でも見物する様な態度で行かれる方が往々あります。これは余りに吾々ウタリを侮辱し過きていると思います。

アイヌを一目見ようとする旅行者は各地の集落に入りこみ侮蔑に満ちた視線を向けており、それは観光業とは無縁に生きるアイヌにとっても他人事ではあり得なかったのである。そして、八重子の怒りは「一番装いの悪いような老人たちを、カメラにおさめて帰って、これこそは北海道のアイヌだ」と紹介する「内地のお客様」だけでなく、「変な踊りをしてお目にかけたり、或は内地方面に自分を見世物にして出掛けたりする」という一部の同族の行為にも向けられる。八重子にとって、「酋長」を名乗り観光地に立つ人びとは「一万五千のアイヌ民族」に対する認識を誤らせる「不心得者」であった。

八重子の弟で、立教大学に学んだのち北海道に戻りキリスト教の伝道に従事していた向井山雄（一八九〇～一九六一）は、北海道庁をはじめとする官公庁がアイヌの興行について注意をうながしていながら、賓客の応接に際して「下級庁ニ命シテ見世物的ニ見物サスルヲ常」としていることを問題視した。*17 山雄は白老駅に「アイヌ部落へ何町」と案内板が立てられ、アイヌ児童が学ぶ学校さえも視察という名目で見物の対象となり、教員は対応に追われ教育がおろそかになっているとし、「アイヌガ見世物的トナリ、他人ノ慰ミ物トナリ、乞食的トナリ、狡猾トナル誠ニ嘆スベシ」と憂慮していた［図49］。

白老村出身で鉄道員として勤務していた森竹竹市《たけいち》（一九〇二～一九七六）は、一九三四（昭和九）年八月に室蘭港に連合艦隊が入港するにあたり、白老からアイヌを呼びよせて海軍将兵に舞踊を観覧させる計画を知るや、「全道一万五千有余のアイヌ民族の名において」その中止を訴えた。*18

[図49]　北海道庁立白老第二尋常小学校前に整列した児童の姿を収めた絵葉書。当時の白老では和人移民の子弟は「第一」、アイヌの子弟は「第二」小学校に通学していた。アイヌ子弟が通う学校は「視察」という名目で見物コースに組みこまれていた。（北海道立図書館蔵）

従来高位顕官の本道を視察に際し、これが接伴の任にあたる当局者は蝦夷情調を深めてその旅情を慰むるためか、殊更アイヌの古老連に旧式な服装をして駅頭に送迎せしめ、あるいは熊祭や手踊などを開いて観覧に供し、同行の新聞記者や写真班員はまたこれが恰も北海道のアイヌの民族現代の日常生活なるが如く報道し、ために世人の認識をあやまらしめ、延いてはこれに対する侮べつ嘲笑の念を誘発せしめていたのは、われ〳〵の憤まん禁じ得なかったところである。

同じ年には旭川の川村才登《さいと》（一九〇六～一九六二）も、「徒《いたずら》に本道観光団に対し老人に古代の服装をさせ手踊や熊祭をなし、是が現在アイヌの日常生活であるかの様に見せる事はウタリ二万余の恥」と訴えている。*19

こうしたアイヌ社会の内部からの批判は、単に日本社会への同化を志向するものではなかった。川村は和人から残酷と批判されていた熊送りの精神性を説き、もしそれが残酷であるなら「牛馬を働けるだけ働かして働けなくなると屠殺場で殺し其肉を全国民が食って居る事は残酷といえないであろうか」と反問してみせた。森竹は一九三七（昭和一二）年に刊行した詩集『原始林』の中で、「今日の同族は立派な教育を受け、宗教も次第に近代化」していることを「同化向上」ととらえ、それに「喜びの心躍るを禁じ得ない」としつつ、「言い知れない寂寥の感に打たれるのをどうする事も出来ない」と記している。「虐げらるる悲憤　堪え難き世人の嘲笑　私は可愛い子孫にまで　この憂愁を与えたくない」という森竹の言葉を、観光や興行への激しい批判と重ね合わせれば、観光業に乗り出す者がいることにより和人社会から蔑まれる文化が強調され、子や孫の世代までも差別にさらされかねないという切実な恐れと苛立ちが、一連の発言にはこめられていたとみるべきであろう。

もっとも、ここで取り上げた発言は当時のアイヌの中では例外的に高い教育を受けたり、才覚を発揮して社会的な成功を手にしていたごく一部の人びとによるものであり、安易に一般化するべきではないのかもしれない。そして、アイヌの若い世代の一部によるこうした訴えは、同時代の和人社会からほとんど理解されることはなかった。河野常吉は向井の「皇室ナドモアイヌニ対シ注意シテ貰ハ子《ネ》バ困ル、熊祭ヲ行ハセテ観ルナドハ甚ダ不都合ナリ」という発言を「毫《ごう》モ日本ノ国体ナドヲ弁セズ」と見てとり、「甚タ生意気タリトノ評」がある人物として記録した。[20]

結局、室蘭港での連合艦隊の奉迎は、森竹の粘り強い反対意見の表明にもかかわらず予定通り挙行された。この件の顚末について地元紙室蘭毎日新聞は、「和人同士でも珍しい踊りがあれば矢張見物するのだから、問題にする程のこともあるまいとも思うが」と前置きしつつ、「人種的偏見を以て見られる事は、彼等としては忍びえないのであろう」[21]と記している。和人社会がアイヌに向けた視線は、和人同士がお互いの郷土芸能を見物しあうのとは異質の「人種的偏見」を帯びたものであることを、和人自身が認めざるを得ない状況があったとみるべきだろう。

展示施設の建設をめぐるさまざまな思惑

「保護法」の改正を見越して一九三五（昭和一〇）年七月一〇日に札幌で開催された「旧土人保護施設改善座談会」では、向井山雄が「此処に土人部落あり」と名勝として掲げる例があることを「頗《すこぶ》るアイヌ民族を侮辱したのみならず、日本国民としてのアイヌを無視した取扱」であると批判し、続いて森竹竹市も「多数視察者の前で男女に古い著物を著《き》せて踊らして見世物にする」ことの規制を求めた。集落に必要な施設として向井と森竹が挙げたのは、託児所や健康相談所、図書館を備えた集会所であった。

一方、白老村から参席した森久吉《きゅうきち》（一八九五〜一九七八）は、村内に観光業により生計を立てる者がいることに言及しつつ、「動《やや》もすると視察者の争奪戦が駅頭に始まる」ことを問題視し、「参考館とか考古館を一つ立てて……内地方面から来た者は其処へ行って頂きたい」との意見を述べた。白老村では一九二三（大正一二）年前後から「旧土人参考館」の構想が議論されていた形跡があり、[22]一九二六（大正一五）年には村会の議決を経て「アイヌ種族の考古参考館」の建設を支庁に請願していた。[23]森の発言は、たび重なる働きかけにもかかわらず実現しないままとなっていた構想[24]を、改めて提起した形である。

当時の白老村では多数の旅行者が訪れることによりさまざまな軋轢が生じていたが、経済的な利益を得る道を閉ざさない形で解決をはかる方法の一つとして、行政と一部のアイヌによって「参考館」の建設が模索されていたのである。座談会に協議員として列席していた北海道帝国大学の犬飼哲夫（一八九七〜一九八九）は森の意見に同調し、「アイヌ部落と旅行者の見学は付き物」だとして、「一種の見物的なもの」として「特殊な郷土館というようなもの」を設置することを提言した。

北海道内にアイヌに関する展示施設を建設するという構想は、一九三四（昭和九）年には衆議院委員会審議の場において北海道選出の代議士手代木隆吉《てしろぎりゅうきち》（一八八四〜一九六七）が提起していた。[*25] 手代木は集落を訪れる「内地人」の無礼な行為によりアイヌが「甚ダ感情ヲ害シテ」いる例を指摘するとともに、一部のアイヌが「金デモ取ラナケレバ見セヌ」といった態度をとるようになっていることを、「純良ナルアイヌノ思想ヲ乱ス」ものとして問題視した。これはアイヌと和人の間に感情的な摩擦が高まることを警戒する立場からの主張である。そのうえで手代木は「各大学ノ人類学ノ教授」らの意見をもとに、資料の散逸を防ぐために「博物館」設置の必要性を指摘した。[*26] これを受けた北海道庁長官の佐上信一（一八八二〜一九四三）は、アイヌ、屯田兵、「現在ノ北海道ノ状況」を示す「物産館」の三つがあいまって「北海道ノ過去、現在、竝《ならび》ニ将来ヲ見ルニタルヤウナ施設」となるとの見通しを述べた。結局のところ、戦前には佐上が語った大規模施設の構想が実現することはなかったが、この時期に一部のアイヌ、研究者、行政がそれぞれの思惑から展示施設の設置を模索するようになっていたことは重要だろう。

「ヌカシケンル」の建設

話を長万部村の「ヌカシケンル」に戻そう。

一九二三（大正一二）年刊行の『北海道鉄道各駅要覧』では、旭川近文、白老、平取、十勝伏古《ふしこ》、釧路春採《はるとり》などとならんで、噴火湾沿岸の落部、遊楽部、長万部の「旧土人部落」が紹介されており、同時代のいくつもの紀行文にこれら三つの集落を訪問した際のようすが記されている。[*27] しかしこのころになると、噴火湾沿岸の集落では伝統的な様式の家屋はほとんど消滅して和風の家屋が立ちならんでおり、一部の家屋に熊の頭骨を祀った祭壇があるとはいえ、その景観は来訪者が期待するようなものではなくなっていた。一九三一（昭和六）年に「ヌカシケンル」の開設を報じた複数の新聞記事に、長万部村のアイヌ集落にときおり視察者があるものの「古式の完全なるもの無きを慨し[*28]」ていた、といった文があらわれるのは、この施設のおもな目的が、家屋を復元することによりアイヌ集落を旅行者のニーズに応えうる名所として整備することにあったことを示している。その際、旭川近文や白老など、すでに観光産業が一定の成功を収めていた地域の事例が念頭に置かれていた可能性が高い。

「エカシケンル」の建設にいたる過程を示す史料は多くはないものの、当初から活動の中心を担っていたのは和人移民小倉範三郎《はんざぶろう》（一八六九〜一九五四）だったようだ。小倉は若くして東京から北海道にわたり、一九〇二（明治三五）年夏には虻田でアイヌ教育にたずさわる人物としてその名が記録されている。[*29] その後の足取りは詳らかではないが、長万部に移ったのちは北海タイムス、小樽新聞、函館毎日新聞、函館新聞、八雲新報などの記事を執筆するかたわら、土器や石器、切手、貨幣などに幅広い関心をもった収集家としても熱心に活動していた。

「エカシケンル保存会会則」は事務局を八雲新報社長万部支局内に置くこととしているが、これは実質的には小倉を指していたものとみられる。また、同保存会の「趣意書」は、施設の目的として「同族に対しては祖先の遺風を後世に伝えて崇敬の念を深からしめ」、「一般公衆に対してはアイヌ民族の悉《すべ》てを紹介し世界の人種学、人類学、考古学、言語学等の研究資料として貢献」することとし、さらに会の事業として、アイヌの「救済」のため「彼等天賦の手芸を奨励し其手工芸品を製作販売せしめ以て生活の安定を期せしめ」ることとしている。

　こうしたアイヌに向けた博物学的あるいは人類学的な関心と「教化」、「保護」の姿勢は、小倉の長年の関心と重なっている。そして、アイヌを「彼等」とよび徹底して「せしむ」べき客体とみなすこうした文章は、和人側——おそらくは小倉個人——が実質的に活動を主導していたことを示すものと見ていいだろう。

当時集落を率いて小倉に協力していたのは、司馬力彌《りきや》（一八八二～一九五四）である［口絵7上］。司馬は力八とサリ夫妻の長男として生まれ、熊のように元気な産声にちなんで命名されたヘペンレク（heper_rek「熊・なく」の意）というアイヌ名をもち、一九二〇年代から父力八とともに多くの研究者の調査に協力して、力八の死後は集落のリーダーとして対外的な交渉を一手に担うようになっていた。小倉が所蔵していた数多くの写真からは、司馬の多面的な社会活動の一端をうかがうことができる［図50・51］。ただし、「ヌカシケンル」の活動について司馬の意志がどの程度反映されたものだったのかを知ることは、史料的限界からむずかしい。

断片的ながら、当時の集落に暮らしていたアイヌの声を示すものとして、一九三二（昭和七）年に「ヌカシケンル」を訪問した人物が、案内に立った小倉の以下のような発言を記している。*30

御覧のとおりここらの人は反感をもっているという風ではありませんね。寧ろしきりに同化しようとつとめているのです。このヌカシケンルを建てることだって若い者は絶対反対だったのです。我々の恥だといってね。しかし決してそうではない、明治大帝の御仁慈を世に伝えるためにも又人類文化史のためにも是非必要だからと説き落として、やっと承知したような訳なのです。

[図50]　1936（昭和11）年10月7日に長万部駅のホームで広田総理大臣を出迎えた司馬力彌ら。前列右から2人目は付き添いの小倉範三郎。（北海道博物館蔵）

[図51]　1939（昭和14）年（月日不明）に長万部森林防火組合無事故記念として撮影された写真。後列右端が司馬力彌。（北海道博物館蔵）

「ヱカシケンル」の設置は決して集落のアイヌの総意に根ざしたものではなく、とりわけ若い世代の強い反発があり、小倉の説得によって「やっと承知した」のが実情だったようだ。このような状況を踏まえれば、展示施設の建設についてアイヌがみずからの文化を「誇り高く」、あるいは「積極的に」伝えようとしたといった評価に安易に踏みこむことは避けねばならないだろう。

たび重なる施設の損壊とその後

完成した施設は復元家屋に高床式倉庫や熊檻が併設され、陳列された資料には品名や用途を記した詳細な解説板が付された［図52］。しかし、建造物はいずれも実際に使用されていたものに比べて著しく小さく華奢なもので、見物に訪れた人物が熊檻を目にして「よくもこの中に熊が入れると不思議な位」と記したほどだった。[*31] また、紀行文やのこされている写真からは、旅行者を受け入れる際には必ず小倉が立ち会い熱心に解説を加えている一方［図53］、アイヌの中には積極的に踊りを見せて歓待しようとする者もいるものの、多くは沈黙し拒絶のポーズをとっていたことがわかる。こうした点は、集落のアイヌが施設にかける熱意が果たしてどの程度のものであったのか、疑問を抱かせる。

[図52]　ヱカシケンル保存会発行『アイヌ古代風俗　ヱカシケンル（祖先の尊き家）絵葉書』（5枚組）の1枚。1931（昭和6）年に完成した当時のようす。このちヱカシケンルは風雪により何度も損壊し、そのたびに大規模な修繕が加えられた。（国立民族学博物館蔵）

[図53] 1934（昭和9）年10月21日にヌカシケンルを訪問した検事ら。右から3人目は小倉範三郎、4人目は三荊栄助。建築当時は屋根はなだらかで南壁に2カ所の窓が設けられていたが、このころまでには屋根はやや急になり、南壁の窓は1カ所になっていたことがわかる。（北海道博物館蔵）

一九三六（昭和一一）年には、「ヱカシケンル」が手狭であることを理由として、資料陳列のための「参考館」建設をよびかける「趣意書」が保存会会長である長万部村長の名で作成される。[*32]そこでは「参考館」の目的として、第一に「人種学人類学考古学言語学者其の他アイヌ研究」の資料とすること、第二に「旅客を多数誘引し、又研究者の来村も頻繁」となることにより「市街の繁栄を増大せしむる」こと、第三に、アイヌの「生活安定、福利増進の資」とすることを挙げている。先述した「ヱカシケンル」建設時の「趣意書」と同様に、そこには博物学的、あるいは人類学的な関心と、白老などの事例に刺激を受けた観光資源としての期待、その利益をもとにアイヌの経済的な自立をうながすという「教化」、「保護」の姿勢が一貫している。

趣意書は以上の目的の先に、「一層和人と融和差別なき忠節なる陛下の赤子たらしめん」ことを目標として掲げるものの、絶えず訪れる和人の好奇の視線にさらされることがどのように「和人と融和差別なき」状態にむすびつくのかは説明されていない。実際には、「ヱカシケンル」を訪れた旅行者はそれ以前の来訪者たちと同様に「滅びゆく民族アイヌ」を大げさなまでに憐れんでみせ、応対した人びとの一挙手一投足に滅亡の兆候を読み取り、「彼等は一つの民族というよりは、哀れにも四散した誰かの遺族という感を与える」とまで記していた。[*33]一九三六（昭和一一）年にアイヌ史研究者の高倉新一郎が各地の「土人風俗参考館」に対して示した懸念――すなわち、それがいくら良心的になされたとしても「その建物の存在する限り、そこにコタンのあることを永久に証明した様なもので、其地の土人の融和は永遠に望めない」[34]――が、より当時の悲惨な実態に即していた側面があるように思われる。

結局のところ、「参考館」は計画のみに終わり、「ヱカシケンル」も一九三七(昭和一二)年春には大きく破損したまま「全く有名無実の存在」となっていた。[35]同年七月二五日には「再築祝」に招かれたという記事があるから一旦は再建されたようだが、[36]翌一九三八(昭和一三)年以降、復元家屋に関する記録は途絶える。そののちも「ヱカシケンル保存会」の名義は存続しており、一九三九(昭和一四)年には熊送りの主催者としてその名が見えるものの、会としてどの程度の実体をともなっていたのかは明らかではない。

戦時下の「アイヌ見物」

一九四一(昭和一六)年二月一日、北海道庁は各支庁長、関係市町村長らに対し以下の通牒を発する。[37]

旧土人ノ教化指導ニ関スル件

旧土人ノ教化指導ニ関シテハ、特ニ留意相成居候処ナルモ、旧土人ノ中ニハ今尚熊祭ヲ行

[図54]　ヌカシケンル保存会が発行した『アイヌ風俗熊送り実況絵はがき』（8枚組）の1枚。1935（昭和10）年8月5日に寿都町で開催した熊送り興行のようすを撮影したものと推定される。（国立民族学博物館蔵）

ヒ、又ハ往時ノ服装ヲ為シ観光客ヨリ撮影料ノ寄捨ヲ受ケ、或ハ又府県ヲ巡回シテ古来ノ舞踊ヲ興行スル外、往時ノ同族生活ヲ講演行脚スル者等有之ヤニ及聞候、甚ダ遺憾ノ次第ニ有之候ニ、付テハ旧土人古来ノ陋習トモ称スベキ熊祭ヲ行ヒ、其ノ他同族往時ノ風習ヲ演ズル等、一般的ニ蔑視セラルルガ如キ行動ハ今後一層戒メ、以テ同族教化指導上遺憾ナキヲ期セラレ度為念

この通牒は、アイヌによる観光、興行［図54］を「民族協和の目的達成上遺憾此の上ない」「弊習」とみなしその一掃に乗り出したものであり、*38 アイヌを「蔑視」する和人の意識を問うことなく、あくまでも見られる側を「教化指導」することにより差異を消滅させることが目指されている。

向井山雄らが批判していたように、北海道庁はアイヌが暮らす集落に皇族をはじめとする人びとを案内し、アイヌに「往時ノ服装」で出迎えるよう強く求めてきた一方の当事者であり、この通牒は従来の方針を大きく転換するもののようにも見えるが、これも実効性をもったものではなかったようだ。四月一七日付の『北海タイムス』に掲載された「白老コタン生」による「アイヌの名を廃せ」と題する投書は、上記の通牒が「我々アイヌ青年の共感措《お》く能わざる（共感せずにはいられない）ところ」であるとしつつ、いまだ集落のアイヌに対し伝達すらなされていないことを批判している。

……この超非常時局下に貴重な暇と金を冗費《じょうひ》して部落に殺到するアイヌ見物客に、我等は自尊心を傷つけられ限りなき憎悪の念を抱く。事変下においてはアイヌたりと雖《いえど》も大君の御楯に召され護国の華と散り、銃後に在っては職域に奉公の誠を尽し臣道を実践しつつあるのである。何故のアイヌ見物ぞや、当局者よ、希くば机上の空論をやめ、百尺竿頭《ひゃくしゃくかんとう》一歩を進めて速やかに史上よりアイヌの名称を抹殺すると共に、部落への見物行を禁じて戴きたい。

当時、アジア・太平洋戦争には多数のアイヌの若者が兵士として参戦し、少なくない犠牲を出していた[*39]〔図55・図56〕。国民としての義務を果たしてなお「見世物」扱いされ続けることへの憤りが、絶えることのない「見物客」への激しい憎悪をよんでいたのである。

この時期に白老を訪れた一人に、宗教哲学者柳宗悦《やなぎむねよし》（一八八九〜一九六一）が主導する民藝運動に深く関与していた医師、式場《しきば》隆三郎（一八九八〜一九六五）がいる。式場は一九四二（昭和一七）年八月に日本文学報国会の役員として北海道にわたり[*40]、小樽、札幌などをめぐって骨董商でアイヌの古器物を蒐集したのち、白老に立ち寄った。しかし、車を降り「アイヌ部落」に入った式場は、「絵ハガキや土産物の売店まであるアイヌの家の俗っぽさ」に嫌悪をあらわにする。同行していた一人は、ある家の前に立つアイヌの老人が写真のモデル料を要求したことに激怒し、「金をとるのか」、「と

[図55]　1940（昭和15）年11月10日に「紀元2600年」を記念して撮影された写真。中央付近に小倉範三郎、左手に司馬力彌の姿が見える。（北海道博物館蔵）

[図56]　1943（昭和18）年12月8日、対米宣戦布告2年を期して長万部飯王神社で開催された戦勝祈願祭。前列右から江賀寅三、司馬力彌ら、後列右から司馬力作、小倉範三郎ら。「大東亜戦争の勝利を祈る」この儀礼のようすは当時の新聞でも詳しく報じられた。（北海道博物館蔵）

らんでもいい、君は日本人でないか、日本人が日本人の写真をとらせるのに金がいるものか」と怒鳴りつけたという。そこには、みずからがなぜ「日本人が日本人の写真」を撮ろうとしているのかという自省すら欠いた、傲慢な見物人の姿がある。集落を出た式場らは写真館に入り、店主の木下清蔵が撮影した「アイヌ風俗写真」の数々に「蘇生の想い」を抱いたと記している。

その後、戦局の悪化により一九四四(昭和一九)年三月一四日には、「決戦非常措置要綱ニ基ク旅客輸送制限ニ関スル件」が閣議決定され、四月一日以降、旅行が厳しく制限されることになる。同年にはサイパン、テニアン、グアムの日本軍守備隊が全滅し、本土が激しい空襲にさらされるようになる。こうしてアイヌ集落を訪れる人波は途切れた。

エピローグ

終わることのない「アイヌ史」

「滅び」を宣告される中を生きる

一九四五（昭和二〇）年八月一五日の日本敗戦ののち、混乱が一段落すると白老や旭川のアイヌ集落では観光業が再興した。その動きは高度経済成長期における北海道観光ブームの流れに乗り、戦前にすでに萌芽があった登別《のぼりべつ》や屈斜路《くっしゃろ》湖、阿寒湖のみならず、洞爺湖、昭和新山、函館湯の川など北海道各地の観光地へと広がっていった。そこにはしばしば伝統的な様式の家屋が建築され、民族衣装をまとった男女が舞踊を披露し、観光客との記念撮影に応じる光景が見られた。このころにはカメラはすでに一般に普及しつつあったが、土産物店の店先にはなお、多くの木彫品や刺繍が施された小物とともに、「アイヌ風俗」を謳ったさまざまな写真や絵葉書がならべられていた［図57］。

この時期はまた、帝国日本の崩壊によって一時的に海外のフィールドを失った数多くの人類学者が、国内の少数者へと目を向けた時期でもあった。日本民族学協会は一九五一（昭和二六）年から一九五四（昭和二九）年にかけて「アイヌ民族綜合調査」を実施し、それに続いて言語学者の服部四郎らを中心とするグループが一九五五（昭和三〇）年からアイヌ語諸方言の調査を開始する。これらとは別に、戦前から北海道をおもなフィールドとしてきた河野広道や更科源蔵らも、道内各地の市町村史の編纂などを通じ活発に調査を進めており、こうした研究活動にともなって数多くの写真が

［図57］ 研究者の河野広道、更科源蔵が監修、解説者となって製作された『天然色写真絵葉書　アイヌ風俗』の袋。発行所や発行年の記載はないが、裏側に「北海道白老アイヌ部落　住吉チシカ　1959 7.31」のサインがあることから、流通年代がわかる。（筆者蔵）

撮影された。

噴火湾沿岸では「ヱカシケンル」が閉鎖されたのちに観光業が再興することはなかったが、長万部の司馬力彌と遊楽部の椎久《しいく》年蔵《としぞう》（一八八四～一九五八）が、集落を訪れる数多くの研究者に応対していた【図58】。椎久は近代初頭に集落を率いた椎久七右衛門の孫にあたり、母タヱが畑仕事中に産気づき家に戻る途上で出産したことにちなむトイタレク（toyta-rek「畑を耕す・泣く」の意）というアイヌ名をもっていた。一六歳の時に七右衛門に連れられて初めて熊狩りに参加すると、親子熊を追って子熊二頭を生け捕りにして連れ帰り、これをきっかけとして名人たちに見こまれ狩猟の技術を叩きこまれ、生涯に三八〇頭の熊を仕留めたとされる。また日露戦争に砲兵輸卒として従軍し勲八等瑞宝章を受け、故郷に戻ったのちは漁業、農業に取り組み、集落で重きをなしていた。アイヌ語や伝統的な儀礼にも精通しており、早く一九三一（昭和六）年には国語学者の北里闌《たけし》の調査に協力しているほか、一九三三（昭和八）年には北海道帝国大学の犬飼哲夫の求めに応じて札幌に出向き熊送りの祭壇を製作するなど、戦前からその名が知られ、一九五四（昭和二九）年に司馬力彌が死去したのちの数年間は、地域でもっとも高名な伝統文化の伝承者として活躍した。

椎久は一九五六（昭和三一）年三月には河野広道、更科源蔵ら数名の研究者を招待し、鯨送りの儀礼を再現して見せており、そのようすは同年に河野が楡《にれ》書房から刊行した写真集『アイヌの生活』にも収録されている【図59】。

[図58]　椎久年蔵の肖像。胸元に見えるのは日露戦争に従軍して授与された勲八等瑞宝章と明治三十七八年従軍記章であろう。椎久は自身の民族衣装の胸元にも勲章を佩用するための糸を取りつけていた。（椎久家蔵）

「北方文化写真シリーズ」の一冊として企画された同書のあとがきには、次のような一文が掲載されていた。

本書に蒐録《しゅうろく》した写真の一部は明治年間に残されたものを利用したが、その大部分は最近私たちが古老の記憶と古文書の記録とを基礎として、古い土俗品を用いての演出によって、江戸時代アイヌの生活にできるだけ近い姿を再現して撮影したものなのである。アイヌは今日——少なくとも文化的には——すっかり日本民族の中に溶けこんでしまったので、民

［図59］　河野広道著『アイヌの生活』の表紙と帯。（筆者蔵）

族としてのアイヌはすでに実在していない。従って、過去のアイヌの生活の実体を今日写真として集めることすら、厳密な意味では不可能に近いことなのであって、本書の内容のような生活は北海道のどこへ行っても現存していないのである。

ここでは、かつてピリカ会が切り取ろうとしたような「固有の習俗」はすでに現存しないものとされ、それをもって「民族としてのアイヌ」の消滅が宣言されている。一九世紀以来の「滅びゆく」過程は、「文化的には」完了したものとされたのである。

「再現」に協力していた椎久ら数多くのアイヌの日常が、河野が同書で描き出そうとしたようなものではなかったことは間違いない。しかし、過去の記憶をもとに現在においてそれを再構成し研究者に見せる人びとが存在するにもかかわらず、それらの人びとがすでに「日本民族」に完全に溶けこみ、民族としてのアイヌはすでに実在しないとまで言い切る文章には、無視できない飛躍がある。「未開」とみなされた人間集団を「固有の習俗」をもつものととらえ、そこからの変化を「滅亡」、「消滅」とするこうした本質主義的な「文化」、「民族」の認識は、今日では明確に否定されている。

ただし、河野の姿勢を外からの無責任な断定としてただ切り捨てるべきとも思われない。そこには戦前に向井八重子や森竹竹市が訴えていた、「アイヌ風俗写真」を「恰《あたか》も北海道のアイヌの民族現在の生活なるが如く」流布し、「侮べつ嘲笑の念を誘発せしめ」る人びとへの憤りを踏まえた、同時代の和人社会へ向けた河野の意図もこめられていると見るべきだからである。そのうえで、河野があえて「少なくとも文化的には」という一文を付した意味について、慎重に考えなければならないだろう。

もうひとつの文章を紹介しよう。『アイヌの生活』が刊行される前年の一九五五（昭和三〇）年に平凡社から出版された『世界大百科事典』では、「アイヌ」の項目を担当した知里真志保《ちりましほ》（一九〇九～一九六一）が次のように記していた。[*1]

今これらの人人（ママ）は一口にアイヌの名で呼ばれているが、その大部分は日本人との混血によって本来の人種的特質を希薄にし、さらに明治以来の同化政策の効果もあって、急速に同化の一路をたどり、今やその固有の文化を失って、物心ともに一般の日本人と少しも変わるところがない生活を営むまでにいたっている。したがって、民族としてのアイヌは既に滅びたといってよく、厳密にいうならば、彼らは、もはやアイヌではなく、せいぜいアイヌ系日本人とでも称すべきものである。

アイヌの両親のもとに生まれ、幼少期から苛烈な人種差別に苦しみ、戦後の一時期は民族運動に関与しつつ、やがてそこからも離れていった経験をもつ知里の複雑な心情に踏みこむことは、筆者の力量を超える。しかし知里もまた、アイヌは民族としては「滅びた」としながらも、今も「一口にアイヌと呼ばれ」続ける「アイヌ系日本人とでも称すべき」人びとが存在していることまでも否定してはいない。

一九六九（昭和四四）年に当時のアイヌ研究の集大成を期して刊行された『アイヌ民族誌』では、高倉新一郎が「北海道開拓政策、それに伴うアイヌ政策は、人種として、もしくは民族としてのアイヌをまったく和人の中に解消してしまった」としつつ、「社会的な人種偏見はなおすべて解消したわけではない」と記している。[*2] 高倉は同年に刊行された別の文章の中でも、「アイヌの家に生まれたために、侮られ、軽視され、進む道はおろか昇進や就職さえ妨げられて、失意の中にある人が少なくない」と根深い差別の存在を指摘している。[*3] この時代のアイヌは同情的な和人研究者や同族の知識人により「滅び」を宣告されつつも、「アイヌ」とよばれ続ける状況の中を生きていたのである。[*4]

伝統文化の断絶

椎久は更科源蔵に対し、「アイヌのやることは何でも、ばかばかしいことだと、和人は言うけれども俺はそうは思わない。先祖のやった通りやってわれわれは間違いがなかった、ただ和人が来てから、何でもかんでも世の中のことがみな変わってからは、だめになってしまったのだ」と語り、儀礼の記録をうながしたという。[*5] この言葉からは、椎久が和人からの蔑視を強く意識しつつも、伝統文化の価値に対するゆるぎない信念をもち、それを記録にのこすことの意義を意識していたように見える。ただし、そうした考えをもった椎久も、自身の知識を子の世代に継承させようとは考えていなかった。椎久の息子、堅市《けんいち》の証言がのこされている。[*6]

……してまたね、「こんなの覚えなくていい」って言って、不断に言ったものだからね、俺たち兄弟であんまり覚えているのねえんだわ。「俺一代でもういいんだ」って言うんだから。もっとも、親父の真似すると思わねかったしね。こんなことではダメだなあと思ったからね、全然それさ、もう干渉しないで自分なりに伸びてきて……

……「覚えねくてもいい、覚えねくてもいい」って言うものだからね、父親は一生懸命やるんだけどもね、「おい教えれや」って言えばね、「何この」って頭から怒られたもんだからね、覚える気もしねかったもんね。仕事がもうね、仕事に夢中になって別の方の仕事さかかっていたからね、そういう余裕も無かったし……

堅市は父年蔵とともに熊狩りにも出向き、熊の解体や儀礼に用いる道具の製作技術なども身に着けていたが、年蔵は儀礼の核心的な部分には息子をかかわらせようとしていなかった。この地域では、熊送りに用いる木幣には祖先の系譜を示す特別な刻印を付す習慣があった。それは祈りを捧げられた神々が、誰が儀礼を執りおこなったのかを知るための重要なものであり、本来は親から子へと受け継がれていくものだった。しかし、年蔵は息子にそれを教えることはなかった。

のこされている音声資料からは、年蔵が単にアイヌ語が話せるのみならず、格調高い雅語を完全に使いこなす高い能力を有していたことがうかがえる。先述した服部四郎らによる言語学的調査の結果をまとめた『アイヌ語方言辞典』には、一九五五（昭和三〇）年の調査時において、年蔵が八雲方言の「唯一の話し手」だったと記されているが、こうした断定的な記述は大きく割り引いて考えなければならない。実際には集落における有力者の男性が対外的な窓口として研究者の対応にあたっていたのであり、周囲の同年代の人びとのなかにはなお多くのアイヌ語の話し手がいたことがわかっている。しかしながら年蔵の子の世代となると、親たちは和人移民の流入により急速に変化する社会の状況を強く意識し、子にアイヌ語を教えようとせず、日本語を身に着けることを望むようになっていた。

子の側も、苦しい生活を余儀なくされる親の世代の姿に「こんなことではダメ」と思わされ、生きるために「仕事に夢中」になり、先祖伝来の文化とのかかわりを絶とうとしていた。もちろん、そうした状況の中でも高齢者に接するうちにアイヌ語を聞きおぼえ、日常会話程度を聞き、話す能力を身に着けた人はいたものの、第一言語はあくまで日本語であり、祈りに用いられる難解な雅語は理解されにくくなっていった。同時に日々の暮らしの中で口頭伝承が語られることも稀になり、信仰の根幹をなす祭神の由来談も受け継がれなくなっていたのである。

こうした状況で厳粛な宗教儀礼を次世代に引き継ぐことは、困難をきわめた。このころ北海道の各地で、自分かぎりで伝統的な信仰に根ざした儀礼を終わらせるという決断を下し、神々に詫びながら祭壇や家の守り神を解体する男性の姿がみられた。なかには自身が記憶する神への祈り言葉をノートに書きつけ子供たちが読み上げられるようにした人物や、アイヌ語がわからなければ日本語でも儀礼を続けるべきと考えた人物もいたが、そうした事例はごく少数派だったのである。

一九五五（昭和三〇）年には、北海道知事が「熊祭について」という通達を出す。そこでは熊送りは「生きた熊を公衆の面前に引き出して殺す」「野ばんな行為」とみなされ、熊の頭骨を祭壇に祀ることも「熊のさらし首」として「廃止」すべきとされた。[*7] 堅市は研究者に熊の頭骨の祀り方を聞かれ、「俺だんだん物心ついてから、浜（にある集落）さ、できればもってこねんだわ。それでなくてもアイヌなんてバカにされるんだから」と答えている。かつて狩猟の腕前を示す誇らしいものだった祭壇は、子や孫を差別の対象にしかねないものになり、姿を消した。

椎久年蔵の死後、噴火湾沿岸では集落を挙げての大規模な儀礼は途絶える。そののちも司馬力彌の妻ハルらが先祖供養を続け、土門拳の影響を受けた掛川源一郎らがその姿を撮影しているが、[*8]この世代を最後に、噴火湾沿岸の人びとの姿が「アイヌ風俗写真」におさめられることはなくなった。

日本人として、アイヌとして

こうした変化は、文化的には変化しつつ連綿と受け継がれてきたものの断絶であったことは疑うべくもない。しかし、それはアイヌとしての歴史の終わりを意味するものではなかった。敗戦翌年の一九四六（昭和二一）年二月に北海道アイヌ協会が創立されると、八雲、長万部にも支部が設立され、発足当初から長万部出身の江賀《えが》寅三が理事を務めた。

同年六月、椎久堅市はアイヌの代表の一人として札幌に進駐していた占領軍米第一一空挺師団師団長ジョセフ・スウィング少将との面談に臨んでいる。当時の状況を堅市の回想からたどっておきたい。[*9]

これね、終戦なった時に、アイヌあの…な、法人だ、あの社団法人作ってさ、この騒ぎを起こさないんだと、これ終戦になったんだから、これアイヌ人をこれ鎮めていかねばねえっていうのでこれ、法人っての作ったの……〈中略〉……あの、スイングス閣下の前さ行ってね、北海道どうするんだっていうことでね、問われたことあるんだ。俺と、小川佐助と、森久一（吉）と、文字《もんじ》常《つね》太郎《たろう》。ね、代表で、北海道アイヌの代表でね、あの札幌の軍司令部さ呼ばれて。何ごとあるのと、何とかね、こうあの…中の、アイヌの中からね、そういうようなみったくねえ[*10]もの、独立するとかそういう反乱起こすとかね、そういうようなことないように、お互い負けた日本人だから、一つまあ、この際うまくやっていくべ、っていうことが法人であったの、当時の。それであのスイングス閣下の大きい手を伸べられて……〈中略〉……とにかく一番先に俺に手伸べたな、「お前、日本人か、アイヌ人か」って、こう伸べたな、俺さね。「日本人です」ってこう言ったの。したっけ、俺の顔を見て不思議がっているからね。「俺はね、あの、アイヌ人と日本人の混血されたものであって、自分の祖先はアイヌだが、俺はアイヌ人なんだと、してまた、日本人なんだ」ということと言ったの。そしたら今度は、小川佐助さ、うっとこうやる。小川佐助何言うべか、といたらね、その、内地からね、地名がね、内地の地名であってもほとんどアイヌ語がたくさんあるので、我々の同胞はね、北海道でなくて内地にもたくさんいると思うので、俺は日本人だってこと。それで全部日本人になっちまったの。して、「独立せい」って言えなくなったの。あの時にね、あの時に独立しますって俺たちよったり（四人で）言ったら北海道今頃どうなってる、沖縄と同じ状態だ、はっきり、はっきりしているよ。今この際、独立するかどうするかってことで聞いたんだから。あの時に俺たちがね、独立しますって言ったらな、今どういう風にこの北海道が変形しちゃったかってこと。おそらくアメリカの基地になって、ソ連と睨み合いの所になっていたかもしれないよ。したから、丁度良くみんなが「日本人だ」って言ったとこで、スイングス閣下も参っちゃった。したらな、何言うべと思ったらな、「シャモ（和人）と喧嘩するな」って言った。「シャモと喧嘩するなよ」って言った。「いや、絶対しません」と。

この時同席していた小川佐助は、独立をすすめられた事実はなくあくまでも独立の意志の有無を確認されたのみとしているから、[*11] 椎久の回想にはそのまま受け入れることがむずかしい部分もある。ただし、米軍の側には先住民の存在を占領統治上の不安要素ととらえ、アイヌ側の意志を確認しておく必要があり、アイヌの側には、日本人とアイヌという重層的なアイデンティティを持ちつつ、同族の代表団を立て連合軍との面談に臨むだけの体制があった点を見逃してはならないだろう。

アイヌ協会はその後、「保護法」による下付地のうち和人に実質的な所有権が奪われていた土地を農地解放の対象から除外するよう積極的な運動を展開するもののこれに失敗し、一時ほぼ活動停止に陥ったが、一九六〇（昭和三五）年に再建されると翌年には北海道ウタリ協会と名を改め、おもに国、北海道庁が主導する社会福祉政策の窓口として活動を再開する。長万部、八雲の支部は一貫してその活動を続け、会員の生活向上と地域の基幹産業である漁業の振興に大きな役割を果たし、現在も八雲アイヌ協会、長万部アイヌ協会として存続している。

再び、アイヌとして

一九二〇年代以降、各地でごく少数のアイヌがみずからの文化の記録保存の試みを細々と続けてきたが、一九六〇年代以降の民族復権運動の中で、伝統文化の復興が一つの大きな流れとなった。噴火湾沿岸では長い間こうした動きは見られなかったが、二一世紀に入ると民族衣装の製作を端緒として、儀礼や舞踊の復活を目指す動きも活発化しつつあり、博物館に収蔵されている祭壇の形態をもとに他地域の作法と組み合わせて儀礼を復活させたり、録音がのこされていた歌謡に他地域で伝承されてきた舞踊を組み合わせるなど、さまざまな取り組みがなされるようになってきている。そうした中で、のこされていた「アイヌ風俗写真」はかつての先祖の姿を知る糸口としてまったく新たな役割を担いつつある。

このような動きは決して単なる過去への回帰ではない。それはかつて「滅びゆく民族」の姿として記録された先祖の文化の断片を、みずからの存続の象徴として再構成し蘇らせる現在進行形の運動であり、歴史に立脚した新たな創造のプロセスである。そしてその根底には、過酷な差別の中で尊厳を奪われ、民族の伝統文化を捨て、時にはアイヌであることさえも忘れようとしなければならなかった経験がある。アイヌの子孫として生まれながらその事実を後ろめたいことであるかのように思わされ、先祖伝来の文化を伝えられず、時にはアイヌの子孫であることさえも知らされないままに生きてきたといった経験は、それ自体がアイヌの子孫であるがゆえに直面した困難にほかならない。たとえ文化的な連続性が絶たれたとしても、歴史的経験をよりどころとした民族意識は途切れることなく連続し得る。このように一旦は国家の中に埋没させられたかに見えた人びとが再び先住民に「なる」過程は世界各地で見られるようになっており[*12]、その可能性は近世に「蝦夷人」、「土人」とよばれ、近代に「旧土人」という侮蔑的なラベルを貼られた人びとのすべての子孫の手にもあるのである。

「民族共生」の実像

日本社会は、こうした動きを迎える準備ができているのだろうか。法制度の面では、一九九七(平成九)年に「アイヌ文化の振興並びにアイヌの伝統等に関する知識の普及及び啓発に関する法律」(アイヌ文化振興法、平成九年法律第五十二号)が定められ、二〇〇八(平成二〇)年には衆参両院本会議における「アイヌ民族を先住民族とすることを求める決議」を経て、「アイヌ政策のあり方に関する有識者懇談会」が組織され、翌二〇〇九年に提出された報告書ではのちのアイヌ政策のあり方が具体的に提言された。[*13]そして二〇一九（平成三一）年には「アイヌの人々の誇りが尊重される社会を実現するための施策の推進に関する法律」（アイヌ施策推進法、平成三十一年法律第十六号）が定められ、この法律にもとづき、二〇二〇（令和二）年には、長い観光産業の歴史を持つ白老町に「民族共生象徴空間ウポポイ」が開設されるにいたった。かつて「滅びゆく民族」とよばれたアイヌは、いまや先住民族として国家による公的な承認を得て、「野蛮」、「未開」と蔑まれた文化は「我が国の貴重な文化でありながら近代化政策の結果として存立の危機にある」ものとして普及、啓発の対象となった。[*14]

ただし、課題がないわけではない。一九九七（平成九）年のアイヌ文化振興法は、「アイヌ文化」を「アイヌ語並びにアイヌにおいて継承されてきた音楽、舞踊、工芸その他の文化的所産及びこれらから発展した文化的所産」と規定したが、ここで「アイヌ文化」の要素として列挙されたもののうち、「音楽、舞踊」は近代を通じて和人が観光地で目にしてきたものであり、「工芸」は多くの旅行者が観光地で手に取り、柳宗悦らが愛好してきた「美」とほとんど重なっている。「アイヌ文化」に対する公的な承認は、和人社会が長い間愛好してきたもの、従って和人社会の利益と衝突しないきわめて固定的な範囲に留められている。[*15]二〇一九（平成三一）年のアイヌ施策推進法では新たに「生活様式」の一語が加えられたが、これも「有識者懇談会」の報告書における工芸品製作のための資源利用に関する言及を受けたものと考えられ、その後のさまざまな事業の展開を見るかぎり、基本的な枠組みに変化をもたらすものとはなり得ていない。

また、同報告書では、「アイヌの人々がアイヌとしてのアイデンティティを誇りを持って選択し、アイヌ文化の実践・継承を行うことが可能となるような環境整備」の必要性が述べられているが、この一文からは今日のアイヌ政策立案の場において、アイヌとしてのアイデンティティを選択することが、和人社会がイメージする「文化」の実践、継承とかぎりなくイコールに近いものとして想定されていることが読み取れる。法が規定するような「アイヌ文化」の実践、継承をおこなう者のみを「アイヌとしてのアイデンティティを誇りをもって選択」しているとみなすかのようなこうした態度は、かつてアイヌの近代の経験を「滅び」と見て取った本質主義的な文化、民族のとらえ方が、なお日本社会に強固に根付いていることを示している。

もちろん、和人社会による深刻な抑圧のなかで継承を断念せざるを得なかったアイヌの伝統文化の復興に、国家による支援がなされるのは当然のことである。しかし、アイヌのアイデンティティや「誇り」の源泉をそこのみに限定し、異なる在り方をことごとく和人社会への同化とみなすようなことがあれば、それは本来意図したところから大きく外れ、アイヌ一人ひとりの生き方に対する新たな抑圧として作用しかねない危ういものとなってしまうだろう。[*16]

「民族共生の社会」の実現のために

最近では「かっこいいアイヌ」や「明るく楽しいアイヌ文化」といったフレーズがもてはやされ、アイヌはかつてない注目を集めているように見える。こうした動きは、従来のアイヌの歴史に関する叙述が「衰亡史」、「哀史」に閉じこめられてきたことに対するアイヌ当事者からの異議申し立てや、差別の歴史を語ることが子や孫を差別にさらすことになるのではないかという恐れとも奇妙な共鳴を見せている。しかし、和人が圧倒的多数を占める日本社会において、「かっこよさ」や「明るさ」、「楽しさ」という漠然とした言葉による語りは、和人側の基準による換骨奪胎を容易に許すものとなる。「かっこいい」か、「明るく楽しい」かを判定し、それを社会が受容するか否かを決定する力は和人側にのみあるからである。アイヌが語る言葉は瞬く間に和人社会が容易にイメージできるものに置き換えられ、結果としてそこからは歴史の中を生きた人びとのリアルな姿はすっぽりと抜け落ち、あたかも「アイヌ風俗写真」をトレースしたかのようなステレオタイプだけがくり返されることになる。さらに、こうした一見すると肯定的な新たなアイヌイメージの拡散は、和人社会が切り取りつくり上げてきたイメージを再生産し消費し続けることを許す一方で、和人社会にとって不快なものとなりうる加害の歴史や、現在のアイヌをとりまく現実の課題に目を閉ざすことを正当化するものともなってしまっている。そこでは、一部の当事者の声が、事実に即した語りを暗く陰鬱な「かわいそうなアイヌ」像をくり返すものとして排除するための格好の口実として利用されている。

和人とアイヌの歴史は圧倒的な多数者と少数者の関係、多数者から少数者への抑圧と差別という事実を抜きにして語ることはできない。そこから目をそらせば、そもそもなぜアイヌが文化的な同化を強いられ、その過程で多くのアイヌが沈黙し、一部の人びとが尊厳の回復や文化の復興を希求する運動に向かったのかさえ理解することが困難になってしまうだろう。いま何よりも求められているのは、現実から遊離したイメージにすがることではなく、この社会が多様なルーツをもつ人びとによって成り立つにいたった歴史に向き合い、その帰結としてそれぞれがさまざまな道を歩んでいることを普通のこととして受け入れることだろう。そうして初めて、すべてのアイヌの子孫がみずからのルーツを当たり前のこととして受け止められる社会、アイヌ施策推進法が掲げる「全ての国民が相互に人格と個性を尊重し合いながら共生する社会」の実現に向かう出発点に立つことができるはずである。アイヌへの理解は、「アイヌ風俗写真」の世界を知ることに留まってはならない。のこされた写真を読み解く作業を通じて浮かび上がってきた歴史は、そのことを現代の私たちに教えてくれる。

注

プロローグ

＊1　トーマス・W・ブラキストン　一八七二「蝦夷地の旅」(Thomas W. Blakiston 1872. A Journey in Yezo, *The Journal of the Royal Geographical Society* 42)。なお、アイヌが aino と表記されているのは、アイヌ語の u は日本語のウとオの中間のように聞こえるために、のちに言語学的な研究が進展しアイヌ語の実態が明らかになるまではしばしば混同されていたためである。inaw を「イナオ」、kamuy を「カモイ」などと書いた事例も同様。

＊2　谷昭佳　二〇一三「写真にみる戊辰戦争前夜の箱館・松前」箱石大編『戊辰戦争の史料学』勉誠出版、谷昭佳　二〇一四「幕末のアマチュア写真家たち――幕末期に日本を訪れた外交官・軍人・宣教師」小沢健志監修『レンズが撮らえた外国人カメラマンの見た幕末日本Ⅱ』山川出版社。

＊3　ヨーゼフ・クライナー　二〇〇四「ヨーロッパ思想史とアイヌ観、アイヌ研究、アイヌ・コレクションの形成」『海外のアイヌ文化財：現状と歴史』南山大学人類学研究所、小田博志　二〇一八「骨から人へ――あるアイヌ遺骨の repatriation と再人間化――」『北方人文研究』第一一号。

＊4　阿部正己　一九一八「箱館駐在英国領事館員のアイヌ墳墓発掘事件の顛末」『人類学雑誌』第三三巻五・六・八・一〇・一二号、小井田武　一九八七『アイヌ墳墓盗掘事件』みやま書房、植木哲也　二〇〇八『学問の暴力――アイヌ墓地はなぜあばかれたか』春風社。

＊5　高倉新一郎　一九五三「蝦夷風俗画に就て」『北方文化研究報告』第八輯。

＊6　北海道編　一九八〇『新北海道史』第九巻史料三。

＊7　齋藤玲子　二〇〇七「アイヌ工芸の過去と現在　200年のメッセージ」『アイヌからのメッセージ2007――現在から未来へ――』財団法人アイヌ文化振興・研究推進機構、小川正人　二〇〇五「ピリカ会と弁開凧次郎――その活動と足跡――」『ピリカ会関係資料の調査研究』北海道立アイヌ民族文化研究センター。

＊8　具体的な例を一つあげれば、人類学者の埴原和郎は「観光絵はがきに写されているアイヌ風俗は、単なるヤラセ（演出）にすぎないのである」と記している。埴原和郎　一九七三「アイヌ起源論」『東京大学理学部広報』五巻三号。

第1章

＊1　郵政省郵務局郵便事業史編纂室　一九九一『郵便創業120年の歴史』ぎょうせい。

＊2　この資料は従来「花ゴザを編むアイヌ」の名で紹介されることがあった。「花ゴザ」とは表面に染色した樹皮や木綿布をはさみこんで文様を編み出したものを指すが、この写真を見るかぎり、編んでいる莫蓙に文様があったと判断するに足る根拠はない。

＊3　遠藤みゆき、浜崎加織編　二〇一二『写真発祥地の原風景　幕末明治のはこだて』東京都写真美術館。

＊4　一九一〇（明治四三）年以降の『尋常小学校読本』に掲載された「あいぬの風俗」の挿絵は、この女性の写真と図8の別カットの男性の写真を組み合わせたものである。

＊5　坪井正五郎・沼田頼輔編　一九〇一『世界風俗写真帖　第一集』東洋社。

＊6　『落部村役場書類　三』（北海道大学附属図書館蔵、道写本〇四八（三）、北大北方資料室）。この資料には「明治五年」と記された部分があるが誤りである。
＊7　阿部正己　一九一八「箱館駐在英国領事館員アイヌ墳墓発掘事件の顚末（一）」『人類学雑誌』第三三巻五号。
＊8　一八七九（明治一二）年七月一七日付「亀田郡山野ニ熊狼出没ニ付駆除施行方ノ件」『七重文移録　弐冊之二　明治十二年』（北海道立文書館蔵、簿書：三三二九、一五九件目）ほか。
＊9　ヒッチコックはこれらの写真の撮影地をURAP（遊楽部）としているが、誤りと判断した。ヒッチコックの著書の巻末に掲載された写真リストは完全なものではなく、図版との対応関係をすべて明らかにすることはできないが、Print from a japanese negativeと記載されているものがあることから、本人が撮影したもの以外がふくまれていることは確実視できる。図6は同じものが国内外に多数のこされていることから、当時日本国内で流通していた写真をヒッチコックが購入したものと考えるのが妥当である。
＊10　一八八一（明治一四）年六月三一日付「茅部郡落部村摘覧表」『御巡幸書類綴　明治十四年』（北海道立文書館蔵、簿書：A四／一五〇、二八件目）。
＊11　山田伸一　二〇一一『近代北海道とアイヌ民族――狩猟規制と土地問題』北海道大学出版会。
＊12　一八七八（明治一一）年一二月九日付「落部村支野田追有櫛刀蔵外熊獣捕獲ニ付手当金支給方ノ件」『各区文移録　弐冊之一　明治十一年』（北海道立文書館蔵、簿書：二六四七、七三件目）。
＊13　谷本晃久　二〇一〇「幕末・維新期の松前蝦夷地とアイヌ社会」明治維新学会編『講座明治維新　第一巻　世界史のなかの明治維新』有志舎。
＊14　菊池勇夫　一九八四『幕藩体制と蝦夷地』雄山閣出版。

＊15 注13に同じ。

＊16 更科源蔵 一九五五・一九五六『コタン探訪帳』一〇（弟子屈町立図書館蔵）。引用中のenrumuは室蘭市絵鞆のアイヌ語名enrumである。ekan anorukamuyは不詳だが、この伝承を整理したものがのちに「絵鞆と黒岩の争い」として紹介された際には、該当部分は「吾々の神々」と訳されている。更科源蔵 一九七一『アイヌ伝説集』北書房。

＊17 現在の青森県東津軽郡外ヶ浜町三厩に所在した宇鉄村であろう。

＊18 一八七一（明治四）年一〇月八日付「北海道土人へ告諭」『太政類典・第二編・明治四年～明治十年・第百二十一巻・地方二十七・特別ノ地方開拓使一』（国立公文書館蔵、太〇〇三四三一〇〇、〇三六件目）。

＊19 一八七二（明治五）年六月二三日付「北海道土人男女二十七名、仮学校入寮・農業修業ノ為、上京ノ件」『開拓使公文録原稿 学制之部 学校並教則 附男女生徒・裁縫生徒・病院 附医学生徒・薬石 兵制之部 兵制・武器・砲兵 明治五年』（北海道立文書館蔵、簿書：五七三三、四六件目）。この出来事の詳細については、東京アイヌ史研究会編 二〇〇七『《東京・イチャルパ》への道——明治初期における開拓使のアイヌ教育をめぐって——』東京アイヌ史研究会。

＊20 戸籍編入に関する記述はおもに以下の論考による。大坂拓 二〇二四「近代北海道における〈アイヌ〉の境界——松前地西在相沼内村に生まれたサモテの事例を中心として——」『境界研究』一四号。

＊21 一八七三（明治六）年一月一四日付「山越郡山越内村土人共へ賞誉方ノ件」『東京・札幌・福山・諸県往復留 六冊之壱 明治六年』（北海道立文書館蔵、簿書：七四七、四件目）。

＊22　土地問題に関する記述はおもに以下の論考による。大坂拓　二〇二三「北海道地券発行条例によるアイヌ民族「住居ノ地所」の官有地第三種編入について――札幌県作成「官有地調」の検討を中心として――」『北方人文研究』第一六号。

第2章

＊1　河野常吉編　一九一一『函館区史』函館区役所。

＊2　以下、同年の行幸にかかわる開拓使文書の引用は『御巡幸書類留　弐冊之一　明治九年』（北海道立文書館蔵、簿書：A四／一六）および『御巡幸書類留　弐冊之弐　明治九年』（北海道立文書館蔵、簿書：A四／一七）による。

＊3　北海道庁編　一九三〇『明治天皇御巡幸記』北海道。

＊4　一八七九（明治一二）年七月（日欠）「大隈大蔵卿並ニ香港太守ヘンネッシー巡回ノ件」『開拓使公文録　函館上申　全　明治十二年自一月至十二月』（北海道立文書館蔵、簿書：五九〇四、三〇件目）。

＊5　一八七九（明治一二）年八月一四日付「独逸皇孫函館港碇泊中函館ヨリ森村迄巡覧ノ件」『長官届録　明治十二年』。（北海道立文書館蔵、簿書：三二四九、七三件目）。ハインリヒの森村、落部村訪問の経緯については次の文章でも触れられている。百瀬響・谷中彰浩　二〇〇六「1879年の独逸皇族による北海道巡覧とアイヌ」『年報いわみざわ』二七号。

＊6　（年月日欠）「一二年一〇月二九日～一一月一二日マデ伊太里国皇族滞函日記ノ件」『本各支庁文通録　九年』（北海道立文書館蔵、簿書：A四／二九八、三八件目）。

＊7　一八七九（明治一二）年一一月七日付「伊国皇族殿下森村行ニ付旧土人差出ノ為出発ノ処帰函ノ件」

『願伺届録　明治十二年』（北海道立文書蔵、簿書：三四三四、二九件目）。

＊8 「箱館港居留外国人森駅迄遊歩ヲ許ス」『太政類典　第二編』（国立公文書館蔵、太〇〇三〇四一〇〇）。

＊9 森一馬『罕有日記』（函館市中央図書館蔵、一八一〇六二七二五五―〇一六三）。

＊10 第1章注13に同じ。

＊11 （年月日欠）「天覧ニ供スル物品目録ノ件」、一八八一（明治一四）年九月三日付「落部学校教員柳沢義直ヨリ天覧用ノ旧土人生徒習字ノ差出ヲ上申ノ件」、同年同月四日付「茅部山越郡民等差出ノ製造品其他天覧願書ノ件」『御巡幸書類綴　明治十四年』（北海道立文書館蔵、簿書：Ａ四／一五〇、一・二二・二五件目）。

＊12 ジョン・バチラー　一九二八『我が記憶をたどりて　ジョン・バチラー自叙伝』文録社。

＊13 注12に同じ。

＊14 イザベラ・L・バード　一八八〇『日本奥地紀行』（Isabella L. Bird 1880. *Unbeaten tracks in Japan*）。

＊15 一八八三（明治一六）年三月二六日付函館新聞三面掲載記事「狂酔人を殺す」。

＊16 一八七八（明治一一）年一二月二日付「森村寄留エタテラン外ヨリノ鹿職猟許可ニ付鑑札渡方ノ件」『各区文移録　弐冊之一　明治十一年』（北海道立文書館蔵、簿書：二六四七、七一件目）。

＊17 第1章注13に同じ。

＊18 一九〇九（明治四二）年三月一三日付函館毎日新聞三面掲載記事「帯勲の旧土人」。

＊19 北海道大学　二〇一三『北海道大学医学部アイヌ人骨収蔵経緯に関する調査報告書』。

＊20 北海道大学　二〇一八「森町における発掘手続に関する資料」『北海道大学医学部アイヌ人骨収蔵経緯に関する調査報告書（追録）』。

＊21　児玉作左衛門　一九三六「八雲遊楽部におけるアイヌ墳墓遺跡の発掘について」『北海道帝国大学医学部解剖学教室研究報告』第一輯。

第3章

＊1　プロローグ注5に同じ。

＊2　ピリカ会に関する基礎的な調査報告として下記の文献があり、本章でも適宜参照している。北海道立アイヌ民族文化研究センター編　二〇〇五『ピリカ会関係資料の調査研究』北海道立アイヌ民族文化研究センター調査研究報告書一。

＊3　池田源吾編　一九一一『戊申詔書と地方事蹟』池田書店。

＊4　近年、インターネット上を中心として弁開の没年を一九二四（大正一三）年とするものが少なくないが、誤りである。一九一九（大正八）年一〇月二五日付の函館日日新聞に同月二四日午後六時ごろに事故死したことが報じられている。

＊5　吉田巌　一九五六『日新随筆　東北海道アイヌ古事風土記資料』第二篇。近年ではイカシパを「偉大で何でもできうる」などと解釈する説が広く流布しているが、日本語方言の影響により変化した形をアイヌ語でイカシパ（i-kaspa「ものを・過度である」の意）と誤って解釈したものであろうか。この解釈の正しさを裏づける文献は未見である。

＊6　第1章注5に同じ。

＊7　『官地割渡各村調査録　亀田・上磯郡役所各村　茅部・山越郡役所各村　明治十四年』（北海道立文書館蔵、簿書：四八〇二）。

＊8　河野常吉『明治三十二年　第四渡島国茅部郡』（北海道立図書館蔵、河野常吉野帳一〇四六）。

＊9　『北海道庁公文録　明治三十八年　第十八　土地収用及献納（一）　土地特別貸付使用（二）　地種目変換（一）　区画地付与及売却（二）　例規（一）　経費及物品（一）　旧土人保護（一）　区画地交換及返還（二）』（北海道立文書館蔵、国有未開地処分法完結文書：A七—一A九〇二）。

＊10　一八七九（明治一二）四月七日付「落部村土人弁海多五次郎熊三頭取穫ニ付成規ノ手当金下渡方ノ件」『各区文移録　明治十二年』（北海道立文書館蔵、簿書：三三四二、二一件目）。

＊11　一九一一（明治四四）年五月九日～六月四日付函館毎日新聞掲載記事「熊狩日記（一～一六）」。

＊12　渡島教育会　一九一八『函館支庁管内町村誌』（北海道立文書館蔵、二一一Bオシ五）。

＊13　ここに写る人物の一人について、小谷部全一郎は『日本及日本国民之起源』で「鵡川の旧蝦夷酋長トノサム」としているが、その記述を裏づける史料はない。

＊14　舟山直治　二〇〇九「北海道における鹿子頭の再利用に関する研究」『北海道開拓記念館研究紀要』第三七号。

第4章

＊1　巣穴を個人の所有とみなす習慣は白老郡や石狩川流域でもあったようだ。

＊2　一九五五（昭和三〇）年一二月一一日、長万部村O・T口述、更科源蔵筆録『コタン探訪帳』九（弟子屈町立図書館蔵）。

＊3　「司馬力八及其子力彌ノ談」『アイヌ聞取書』（北海道立図書館蔵、河野常吉資料一二五六追録）。

＊4　徳川義親　一九二一『熊狩の旅』精華書院。

＊5　北海道立図書館所蔵資料（音声資料CD二一九）の音声を筆者が文字化、訳出。実際の儀礼では男性がおこなう演目を、女性が記憶をもとに再現したものである。同資料をもとにした再演が、アイヌ民族文化財団『アイヌのお話アニメ　オルシペスウォプ5』に「私の育てた子グマ　クコラヘペレ」として収録されており、二〇二五年二月現在youtubeで視聴可能である。(https://www.ff-ainu.or.jp/web/learn/language/animation/details/h28.html)。なお、本書掲載にあたって訳の一部を改めた。

＊6　小川正人　一九九七「イオマンテの近代史」『アイヌ文化の現在』札幌学院大学生活協同組合。

＊7　一八七二（明治五）年八月一一日付「土人ヲムシヤト喝年々一両度酒飯煙草等恵与ノ旧慣廃止方ノ件」『東京往復　三号　明治壬申秋従七月』（北海道立文書館蔵、簿書：四〇三、三七件目）。

＊8　一八七二（明治五）年一〇月一〇日付「石狩札幌土人陋習洗除ノ為オムシヤ、熊送廃止ノ件」『会議書類　明治五壬申年十月』（北海道立文書館蔵、簿書：四三三、三一件目）。

＊9　谷本晃久　二〇〇一「『恵曽谷日誌』に描かれたアイヌ――明治初頭の北海道日本海岸南部の文化状況――」北海道博物館・群馬県立歴史博物館・アイヌ民族文化財団編『アイヌのくらし――時代・地域・さまざまな姿』令和三年度アイヌ工芸品展展示図録。

＊10　一例をあげれば、一八八四（明治一七）年一月には北海道事業管理局札幌農業事務所が千歳郡のアイヌが熊送りを実施予定との情報を得て、札幌博物場に設置する「土人熊祭ノ図」を描かせるために札幌県に画工の望月学を派遣するよう依頼し、許可された記録がある。開催時期から見て飼い熊送りであろう。一八八四（明治一七）年一月二三日付「望月学、土人熊祭ノ図実写ノ為メ千歳郡へ出張申付方ノ件」、同年同月二六日付「望月学、土人熊祭ノ図実写ノ為メ千歳郡へ出張申付方ノ件」『文移録　明治十七年一月ヨリ六月マテ』（北海道立文書館蔵、簿書：八五二四、一四二・一四四件目）。

＊11　太政官修史館編　一八八五『明治史要』博聞社。
＊12　満岡伸一　一九二四『アイヌの足跡』田辺真正堂。
＊13　金田一京助は沙流郡の鍋澤コポアヌ（コレアタン）らがさまざまな機会をとらえ本州各地で興行をおこなおうとしていた姿を随筆に収めている。金田一京助　一九二九「ペンを休めて」『黒潮』（再録：金田一京助　一九六四『金田一京助随筆選集　二　思い出の人々』三省堂）。
＊14　このできごとは一八八一（明治一四）年の文書に綴られているから、仁三郎らは数年にわたって帰郷できずにいたものとみられる。「函館支庁落部村土人ニサブロウ帰京旅費官費支出ノ義ニ付指令方ノ件」『略輯旧開拓使会計書類　第十号第卅一冊　（東京書状往復留　明治十四年一月改　物産取扱大坂派出所）』（北海道立文書館蔵、簿書：七〇一一、一八七件目）。
＊15　一九二一年（月日欠）「金谷旅館主人ノ話」前掲注3『アイヌ聞取書』。
＊16　一八八四（明治一七）年四月二日付「篠路村旧土人ヲ欺キタルモノ、義ニ付往復書類警察本署へ引継ノ件」『札幌県治類典　雑　合七冊　第三　明治十七年自三月至四月』（北海道立文書館蔵、簿書：八七二六、二四件目）。このケースでは、札幌郡のアイヌが生業の柱としてきた石狩川下流でのサケ漁が行きづまり経済的に困窮していたことが、興行に乗り出さざるを得ない一つの要因となっていたものとみられる。
＊17　北海道庁編　一八八七『明治十七年札幌県布令全書　完』。
＊18　以下、行事の詳細にかかわる引用は函館毎日新聞掲載記事による。
＊19　無記名（「一記者」）　一九一八「北海道大沼公園における新三景記念碑の除幕式」『婦人世界』第一三巻第一一号。

＊20　当時すでにアイヌ集落の所在地として著名だった白老郡白老村の名を誤記したものとみられる。

＊21　高信峡水　一九一八「北海道大沼公園に於ける日本新三景記念碑除幕式」『実業之日本』第二一巻第一九号。

＊22　小田桐剣二編　一九一七『阿蝦奴研究』第一号。

＊23　大坂拓・大矢京右　二〇二三「市立函館博物館が所蔵する噴火湾アイヌの木幣について――資料情報を復元・再検討する試み――」『北海道博物館アイヌ民族文化研究センター研究紀要』第八号。

＊24　一九二〇（大正九）年一一月（日欠）付「長万部アイヌ」、同年一二月三日付「長万部村旧土人」前掲注3『アイヌ聞取書』。

＊25　一九一二（大正元）年一二月二一日付函館毎日新聞夕刊掲載記事「アイヌの熊祭（四）於長万部土人部落」。

＊26　一九一八（大正七）年八月一八日付函館毎日新聞掲載記事「新三景記念碑除幕式の日に　アイヌの義太夫と熊祭　雨の大沼空前の賑い」。

＊27　注19に同じ。内容は『実業の日本』第二一号第一九号（注21）に掲載された同名の記事とほぼ一致していることから、執筆した「一記者」は高信峡水と同一人物と推定される。

＊28　『アイヌ研究材料乙　歴史及法規』（北海道立図書館蔵、河野常吉資料H〇九四―Ｋｏ―四九六）。

＊29　『北海道庁公文録　明治三十五年　第九六　旧土人保護』（北海道立文書館蔵、Ａ七―一Ａ／一六三三）。

＊30　文中にあらわれる「明治三十三年九月十五日殖拓第五八五一号部長通牒」とは殖民部長から各支庁に宛てて発せられた「旧土人保護法ニ依リ土地下付方ノ件」を指す。この通牒は「保護法」の施行細則第一条が、「保護法第一条ニ依リ未開地ノ下付ヲ受ケントスル者ハ……」としていたために、従来から使用

していた「保護地」を下付するには不都合があったことを受けて、「旧土人保護法ニ依リ土地ヲ下付スルハ、同法施行細則第一条ニ依リ未開地タルヘキハ当然ノ儀ニ有之候へ共、従来旧土人開墾予定地トシテ官有地ノ侭無償使用ヲ許シタル土地ヲ其侭下付出願セル場合ニハ、多少既墾ノ部分アリトスルモ土人保護法ニ依リ処分相成候コトニ御決定相成候条、右御了知相成度、依命此段及通牒候也」としたものである。

第5章

＊1　『胆振国白老郡白老村字コタン旧土人下附実測図』、『胆振国白老郡社台村旧土人給与図』、『胆振国白老郡敷生村字コタン旧土人給与地実測図』（北海道立文書館蔵、Ｍａ―一／二九二三、二四七一、二八四一）。

＊2　『旧土人土地下付ニ関スル書類　大正元年十二月〔合冊の三〕〔北海道国有未開地処分法完結文書〕』（北海道立文書館蔵、Ａ七―二Ｂイブ／三三三―〇）。

＊3　『旧土人書類　自明治四十五年二月至大正元年九月〔北海道国有未開地処分法完結文書〕』（北海道立文書館蔵、Ａ七―二Ｂイブ／一五〇―〇）、『胆振国白老郡社台村字上ヨコスッ土人給与地実測図』（北海道立文書館蔵、Ｍａ―一／三二二七）。

＊4　小松勝　一九三五「旧土人保護施設改善座談会」『北海道社会事業』第四二号。また、白老郡出身で戦後に北海道ウタリ協会の理事長を務めた野村義一は、副理事長の貝澤正との対談において、「山の中に土地を与えてどうして農業が可能でしょうか。それなのに道や国の役人は口を開けば『明治三十二年の旧土人保護法によってアイヌ民族に土地を与え、農業で安定生活をさせた』と嘘ばかりいう」と批判している。野村義一　一九九六『アイヌ民族を生きる』草風館。

＊5　（年月日欠）白老村役場「白老村旧土人産業一班」前掲第4章注3『アイヌ聞取書』。人口の数値から大正期に作成されたものと考えられる。

＊6　一九二三年（月日欠）「白老」前掲第4章注3『アイヌ聞取書』。

＊7　注4小松一九三五に同じ。

＊8　花川生　一九二六「室蘭方面視察団に加わりて」『港湾』第四巻第九号、布田虞花　一九三一「小笠原・千島・樺太・北海道」『海』第二六号。

＊9　満岡伸一　一九二二『アイヌの足跡』（国会図書館蔵版）。同書は一九二四年に田辺真正堂から刊行された。

＊10　一九二四（大正一三）年六月二五日付室蘭毎日新聞掲載記事「白老村一巡」。

＊11　大阪市教育会編　一九二五『北海道と樺太』大阪市教育会。

＊12　ジャパン・ツーリスト・ビューロー　一九三一『旅程と費用概算　昭和六年版（改訂増補）』博文館。

＊13　一九二八（昭和三）年六月八日付室蘭毎日新聞掲載記事「時代離れしたアイヌの名を改正の願い許可さる　白老村長の心尽しで」によれば、宮本はこの時に提出された「土人改名届」により伊之助と改名されたが、その後は二つの名を使いわけていた。

＊14　旭川市史編集会議編　二〇〇二『新旭川市史』第二巻通史二。

＊15　谷本晃久　二〇〇九「近文アイヌの『給与地付与』要求と『処分法』の制定」『新旭川市史』第四巻通史四。

＊16　向井八重子　一九三一「同族の立場から」『婦人公論』八月号。

＊17　一九二三年一二月（日欠）「向井山雄氏の談」前掲第4章注3『アイヌ聞取書』。

＊18　一九三四（昭和九）年八月二四日付小樽新聞掲載記事「見世物扱ひを中止せよ」。

＊19　一九三四（昭和九）年一二月一四、一六、一八、一九日付北海タイムス掲載記事「一アイヌの手記」（再録：小川正人・山田伸一編　一九九八『アイヌ民族　近代の記録』草風館）。

＊20　（年月日欠）「アイヌ伝教師其他」前掲第4章注3『アイヌ聞取書』。

＊21　一九三五（昭和一〇）年九月二二日付室蘭毎日新聞掲載記事「時事片々」。

＊22　（無記名）一九二三「彙報　アイヌ部落に旧土人参考館」『國學院雑誌』第二九巻七号。

＊23　一九二六（大正一五）年七月一四日付室蘭毎日新聞掲載記事「白老考古館建設請願書　村会で議決して支庁へ提出す」。

＊24　一九二三（大正一二）年五月一九日付北海タイムス掲載記事にはイカシトク（野村エカシトク）の家を「参考館」と呼称しているものがあるが、詳細は不明である。

＊25　衆議院事務局編　一九三四（昭和九）年二月二一日付『帝国議会議事録　第六五回』。

＊26　山田伸一　二〇〇〇「拓殖館のアイヌ民族資料についての覚書」『北海道開拓記念館研究紀要』第二八号。

＊27　一九三〇（昭和五）年八月三〇、三一日付函館毎日新聞夕刊二面掲載記事「郷土新景（五）原始郷にモダン客　長万部アイヌ部落へ」、「郷土新景（六）時代と夢とを後に　滅び行く民族」。

＊28　一九三一（昭和六）年七月一七日付函館毎日新聞掲載記事「長万部にアイヌの家　視察者の為に新しく建設」。

＊29　松村瞭　一九〇二「北海道旅行記」『東京人類学会雑誌』第一九八号。

＊30　山室善子　一九三二「時代は嘆く（五）滅び行く民族アイヌ—北海道にヱカシケンルを訪ねる—」『婦

人之友』第二六巻第一一号。
＊31 注30に同じ。
＊32 『アイヌ風俗参考館建設趣意書』（函館市中央図書館蔵、一八一〇二六三三〇九）。
＊33 注30に同じ。
＊34 高倉新一郎　一九三六「アイヌ問題随想」『北海道社会事業』第五六号。
＊35 一九三七（昭和一二）年五月二二日付函館毎日新聞二面記事「アイヌ族　研究に生きたる史料　尊い祖先の家　破壊しても保存会は涼しい顔」。
＊36 小原孝一編　一九四〇『石棺』。
＊37 『北海道社会事業』第一〇六号掲載。なお、筆者はこの通達の原本を確認できていない。
＊38 小樽新聞社編　一九四一『北海道樺太年鑑』昭和一七年版。
＊39 一九三五（昭和一〇）年四月六日付函館毎日新聞三面記事「愛奴にもこの勇士　川向部落で凱旋歓迎」ほか。
＊40 式場隆三郎　一九四三『民藝と生活』北光書房。

エピローグ

＊1 平凡社編　一九五五「アイヌ」『世界大百科事典　一』二五ページ。
＊2 高倉新一郎　一九六九「アイヌ政策史」アイヌ文化保存対策協議会編『アイヌ民族誌　上』第一法規出版。
＊3 高倉新一郎　一九六九「アイヌ人」信濃毎日新聞社編『現代の差別と偏見　問題の本質と実情』新泉社。

＊4　この時代の前後におけるアイヌの経験を記したものとしては、たとえば下記の文献がある。郷内満・若林勝編　一九七二『明日に向かって――アイヌの人びとは訴える』牧書店。

＊5　更科源蔵　一九七〇『アイヌと日本人　伝承による交渉史』日本放送出版協会。

＊6　一九七三（昭和四八）年収録「アイヌ民俗文化財伝承記録CD」八一～八五（北海道立図書館蔵）。

＊7　一九五五（昭和三〇）年三月一〇日付「三〇畜第四七一号」『北海道公報』六六三八号。この通達が撤回されたのは、二〇〇七年のことである。

＊8　掛川源一郎らの活動については下記の文献に詳しい。東村岳史　二〇二一『近現代北海道とアイヌ民族――和人関係の諸相』三元社。なお、掛川が撮影したアイヌを被写体とする写真にはそれ以前の「アイヌ風俗写真」の枠に収まらない部分が多分にあるものと思われるが、この問題は本書のテーマを逸脱するため、関心がある向きは東村の文献を参照して頂きたい。

＊9　注6に同じ。この件については北海道ウタリ協会アイヌ史編集委員会編　一九九〇『アイヌ史』（資料編三）北海道出版企画センターに別の機会の聞き取りが翻刻されている。また、下記の文献に研究の現状が簡潔にまとめられている。竹内渉　二〇二〇『戦後アイヌ民族活動史』解放出版社。

＊10　日本語北海道方言で「みっともない」の意。

＊11　注9竹内渉二〇二〇に同じ。

＊12　ジェイムズ・クリフォード（星埜守之訳）二〇二〇『リターンズ――二十一世紀に先住民になること』みすず書房。

＊13　アイヌ政策のあり方に関する有識者懇談会　二〇〇九『報告書』。

＊14　佐々木史郎　二〇二二「国立アイヌ民族博物館の設立と果たすべき役割」『国立アイヌ民族博物館研究

紀要』第一号。

＊15 大坂拓　二〇二四「アイヌに対する「認知」の空白と博物館・美術館展示」岸上伸啓編『北太平洋の先住民文化――歴史・言語・社会』臨川書店。

＊16 こうした現在の日本の対アイヌ政策が孕む構造的な問題点についてはリチャード・シドルが二〇〇二年に包括的な議論をおこなっており、日本語訳が下記に「補章」として再録されている。リチャード・シドル（マーク・ウィンチェスター訳）二〇二一『アイヌ通史――「蝦夷」から先住民族へ』岩波書店。

ここでは近年の重要な歴史学的研究の成果、およびこれまで広く知られていない事実に関する史料を中心に注釈を付し、そのほかについては紙幅の都合から逐一の引用を省略した部分がある。通史叙述に関しては、以下の二つの文献を参照して頂きたい。

高倉新一郎　一九四二『アイヌ政策史』日本評論社

（一部を改訂したものが『新版アイヌ政策史』として一九七二年に三一書房より刊行されている）

小川正人　一九九七『近代アイヌ教育制度史研究』北海道大学図書刊行会

噴火湾沿岸におけるアイヌ近代史年表

一八五六	（安政三）	五	幕府がアイヌの呼称を「夷人」から「土人」とすることを通達する。
一八五七	（安政四）	一二	箱館六ヶ場所の森に居住するアイヌのうち、帰俗した者が村方人別に編入され、日蓮宗称名寺の檀家となる。
一八五八	（安政五）		箱館六ヶ場所の森が村とされる。
一八六四	（元治元）	一	東蝦夷地ヤムクシナイ場所が「村並」とされ、山越内村、長万部村が置かれる。
一八六五	（慶応元）	九	箱館駐在のイギリス領事フランシス・ハワード・ヴァイスらが森村でアイヌ墓地から遺骨を盗掘する。翌月には落部村のアイヌ墓地でも遺骨を盗掘する。
一八六七	（慶応三）	六	箱館に滞在していた石狩川流域のアイヌのグループが、イギリス軍人フレドリック・ウイリアム・サットンにより撮影される。［↓図1］
一八六九	（明治二）	七・四	日本政府が**開拓使**を設置。
		八・一五	日本政府が蝦夷地と和人地を合わせて北海道と命名し、一一国八六郡を設置。
一八七一	（明治四）	一〇・八	開拓使が「**北海道土人へ告諭**」によりアイヌに家屋の「自焼」、女性の入墨、男性の耳輪の着用を禁じ、日本語を習得するよう達する。
一八七二	（明治五）	九	開拓使が「**北海道地所規則**」を制定。同年九月以前からの永住人、寄留人の拝借地を私有地とするとともに、以後は新たに払下げることとする。
一八七三	（明治六）	六	森村のアイヌが「親ノ名及旧名等」にちなんだ姓を付される。

一八七四（明治七）　六・一三　室蘭郡のアベイタキらが鯨を発見し銛を打ちこみ、のちに長万部村の海岸に流れ着く。

一八七六（明治九）　七・一六　明治天皇が奥羽巡幸の途上で函館に上陸し、一八日まで滞在。開拓使函館支庁の指示による「説諭」に応じたアイヌ五六名が奉迎に参加。［↓図17〜19］

一八七七（明治一〇）　落部村の仁三郎夫妻が興行師に欺かれて本州にわたり、一八八一（明治一四）年に神戸で保護されるまで各地を転々とする。

九・一六　函館駐在イギリス領事リチャード・ユースデンの帰国に際し、開拓使函館支庁勧業課が茅部山越郡役所に対して「旧土人製作品」の用意を指示する。同月三〇日に山越内村のアイヌの製作品が納品される。

一二・一三　開拓使が**地租創定**の手続法規として「**北海道地券発行条例**」を制定。第一五条によりアイヌが従来利用して来た土地をふくむ山林はすべて官有地とし、第一六条により「旧蝦夷人住居ノ地所」は当分すべて官有地第三種に編入し、「地方ノ景況ト旧蝦夷人ノ情態」に応じ「成規」の処分があり得るものとされる。

一八七八（明治一一）　五・二三　長万部村の戸桟口弥、白馬礼助、三荊栄助らが前浜で鯨を発見し銛を打ちこみ、天候が悪化したため縄を切断。鯨は二八日に礼文華村に流れ着く。

九・二〇　地租創定におけるアイヌの土地の取り扱いについて、第一八大区（茅部郡）戸長菊池忠兵衛が、森村をのぞく落部、臼尻、尾札部のアイヌに対し土地私有を認めるのは困難との申上書を提出。

一〇・五　開拓使函館支庁地租創定取調の吉川良蔵が、管内では山越郡のアイヌの土地のみを官有地第三種に編入し、そのほかの地域のアイヌの土地に対しては和人同様に私有地化する方針を示し意見を求める。以後、この意見に則った対応がなされる。

一一・四　開拓使が行政処理上でアイヌを区別する必要がある場合に「旧土人」と呼称することを定める。

一八七九（明治一二）　七・二二　長万部村の野板九助、白馬礼助、司馬力八が鹿猟免許を取得。

函館に上陸した香港総督ヘネシーの歓迎行事に山越内村、長万部村から動員されたアイヌ二二名が参加。

八・三　森村に滞在中のドイツ王族ハインリヒ・フォン・プロイセンの前で村外から動員されたアイヌ二名が舞踊を披露。

八　落部村の板切卯三郎、板木三松、長万部村の椎久芦蔵、白馬礼助が開拓使函館支庁に雇用され、函館近郊で害獣駆除に従事。

一一・五　森村に滞在中のイタリア皇族トンマーゾ・ディ・サヴォイアの前で落部村、山越内村から動員されたアイヌ一八名が舞踊を披露。

一八八〇（明治一三）　六・一六　長万部村の椎久芦蔵ら三名が鹿猟免許を取得。

開拓使函館支庁が遊楽部川への種川法試験実施を決定したことにより、以後、山越内村のアイヌが主たる生業の一つとしてきた鮭漁に強い制限が加えられる。

八　落部村の弁開凧次郎が村内で耕地（杉木植付地）一一一五七坪の払い下げを受ける。

一八八一（明治一四）　五　弁開凧次郎が落部村で耕地四四九坪の払下げを受ける。

　　　　　　九・五　明治天皇二度目の北海道行幸で森村に滞在。行在所で天覧に供すべき物品として、長万部村の司馬力八、姥久手丹蔵が提出した「アッシ」各一着、落部村の碇藤松、有櫛烏賊蔵による習字各一点が用意される。

一八八二（明治一五）二・八　**開拓使廃止**。札幌、函館、根室の三県が置かれる（廃使置県）。

　　　　　　九　函館県が山越内村遊楽部のアイヌ児童を対象とする遊楽部学校を新築し、学務課御用係の永田方正が教員として勤務する（函館県管内のそのほかの地域では和人との共学）。

一八八五（明治一八）七・九　長万部村の戸桟口弥、白馬礼助、三荊栄助らが前浜で鯨を発見し銛を打ちこみ、翌日虻田村に上がる。

　　　　　　永田方正が山越村遊楽部のアイヌに対し耕地を確保することを上申。これが後に「保護地」とされる。

一八八六（明治一九）一・二六　三県廃止。**北海道庁設置**（廃県置庁）。

　　　　　　六・二九　**北海道土地払下規則公布**。以後、地所規則に代わる基本法規となる。

一八九三（明治二六）　長万部の「旧土人給与地」の一部が誤って和人移民に割り渡され、のちに取消。

一八九四（明治二七）三・二　北海道庁が「旧土人保護地存置方ノ件」を決議。

一八九七（明治三〇）三・三〇　北海道国有未開地処分法公布。

一八九九（明治三二）三・二　**北海道旧土人保護法公布**。

一九〇〇（明治三三）六　弁開凧次郎が東宮御所で子熊などを献上し松の盆栽ほかを下賜される。［↓口絵5］

一九〇一（明治三四）一二・一九　東洋社が坪井正五郎らが編纂した『世界風俗写真帖』第一集を発行。弁開凧次郎の写真をもとにしたイラストが掲載される。

一九〇二（明治三五）二　弁開凧次郎らが八甲田山雪中行軍遭難事件の捜索に参加（～四月）。

四・七　函館工業館が写真集『北海道土人風俗画』発行。[↓口絵1～3、図10]

四・一〇　八雲村（二五戸）、長万部村（二四戸）のアイヌの名義で作成された北海道旧土人保護法第一条による土地下付願が函館支庁から北海道庁へ申達（同年中に下付）。

一九〇三（明治三六）一・三　小島大盛堂が『北海道みやげ蝦夷百風景　附アイヌ風俗』初版を発行。

一九〇四（明治三七）二・一〇　**日露戦争**が始まる。噴火湾沿岸のアイヌ集落から長万部村の姥久手角蔵、八雲村遊楽部の椎久年蔵らが従軍し、戦後に五名が叙勲を受ける。

一九〇九（明治四二）七　このころ、ピリカ会『アイヌ風俗写真ヱハカキ』第一輯、第二輯発行。[↓図24～29・34～36]

七・三〇　村岡格らが韓国皇太子巡啓に際し森駅で弁開凧次郎を奉迎に立たせるよう働きかけるものの、北海道庁が却下。

一九一〇（明治四三）九・二〇　ロシア大使ニコライ・マレフスキー・マレヴィチが遊楽部のアイヌ集落を訪問。村長らに動員された二〇名あまりのアイヌが熊送りの際の舞踊などを披露する。

一九一一（明治四四）二　このころ、ピリカ会が『アイヌ風俗写真ヱハカキ』第三輯、第四輯発行。

八・二一　皇太子北海道行啓。弁開凧次郎らが大沼公園で奉迎。

八・二三　落部駅で弁開凧次郎ら、長万部駅で三荊栄助らが皇太子を奉迎。[↓図21・22]

一九一二（大正元）一二・一五　長万部村で函館毎日新聞社主催の「熊祭観覧会」開催。[↓口絵6、図37～39]

一九一八（大正七）　八・一七　大沼公園で開催された「新日本三景」記念碑除幕式の余興として、落部、八雲、長万部のアイヌが熊送りを実施。［↓図41・42］

　　　　　　　　　八・一九　閑院宮の八雲駅通過に際し、村内のアイヌが奉迎。

　　　　　　　　　九・一　函館市恵美須町で長万部村のアイヌが熊送りを実施。［↓図43〜45］

一九一九（大正八）　一〇・二四　弁開凧次郎死去。

一九二〇（大正九）　一二・三　長万部村の司馬力八、司馬力彌が河野常吉の調査に対応。

一九二二（大正一一）　七・一〇　皇太子の北海道行啓に際し、弁開凧次郎の遺族が村岡格付添のもと落部で奉迎。長万部駅で約一五名のアイヌが奉迎。

一九三〇（昭和五）　一・一二　八雲村遊楽部の椎久年蔵ほか三〇余名が森町青年会の招聘を受け同町で熊送りを実施。

一九三一（昭和六）　五・一七　椎久年蔵らが河野広道の民族誌調査に対応。

　　　　　　　　　五・一八　司馬力彌らが河野広道の民族誌調査に対応。

　　　　　　　　　七・二〇　長万部村にヱカシケンル落成。［↓図46・52・53］

　　　　　　　　　八・二七　椎久年蔵が北里蘭の調査に対応。

一九三三（昭和八）　一二・一〇　椎久年蔵が犬飼哲夫の招聘で北海道帝国大学を訪れ、熊送りの調査に協力。熊を解体し祭壇を製作する。

一九三四（昭和九）　五・一八　北海道帝国大学の児玉作左衛門らが八雲町遊楽部のアイヌ墓地を発掘し遺骨を収集（〜七月一六日）。

　　　　　　　　　六・二七　児玉作左衛門らが長万部村のアイヌ墓地を発掘し遺骨を収集（〜三〇日）。

一九三五（昭和一〇）二・二四　司馬力彌らがヱカシケンルで新年儀式（アシリパエカムイノミ）を実施。
七・一〇　児玉作左衛門らが森町のアイヌ墓地を発掘し遺骨を収集（〜一七日）。
八・五　司馬力彌らが後志共進会寿都協賛会に招聘され寿都町で熊送りを実施。[↓図54]
九・四　児玉作左衛門らが八雲町落部村のアイヌ墓地を発掘し遺骨を収集。
一九三六（昭和一一）四・二八　司馬力彌ほか六名が小倉範三郎付添のもと長万部駅で佐上信一元北海道庁長官を歓送。
九・二三　司馬力彌が小倉範三郎付添のもと長万部駅で潮恵之輔内務大臣を歓迎。
一〇・一　司馬力彌が小倉範三郎付添のもと長万部駅で小川郷太郎商工大臣を歓迎。
一〇・七　司馬力彌ほか四名が小倉範三郎付添のもと長万部駅で広田弘毅総理大臣を歓迎。
一〇・九　司馬力彌ほか三名が小倉範三郎付添のもと長万部駅で寺内寿一陸軍大臣を歓迎。
一〇・一〇　司馬力彌が小倉範三郎付添のもと長万部駅で林頼三郎司法大臣を歓迎。
一〇・二五　司馬力彌らが岩内龍星会に招聘され岩内町で熊送りを実施。
一九三七（昭和一二）五・二二　ヱカシケンルが強風のために損壊し「有名無実」となっていることが報じられる。
六・二二　三荊栄助がヘレン・ケラーの歓迎行事に参加。
七・二　司馬力彌らが函館港まつりに招聘され熊送りを実施。
一九三八（昭和一三）六・二　三荊栄助が北海道帝国大学の名取武光の求めに応じて鯨送りの儀礼を再現。
一九三九（昭和一四）一・二九　長万部村で熊送り。
一九四一（昭和一六）一二・八　**太平洋戦争**開戦。
一九四三（昭和一八）一二・八　対米宣戦布告二周年にあたり、司馬力彌らが長万部飯王神社で戦勝を祈願する一九四五（昭和二〇）八・一五　「パセカムイノミ」を挙行。
［↓図56］
日本敗戦。

一九四六（昭和二一）二　北海道アイヌ協会創立。八雲支部・長万部支部設立。

六　椎久堅市がアイヌ代表団の一人として米第一一空挺師団師団長ジョセフ・スウィング少将と面談。

一九四八（昭和二三）七・一七　司馬力彌らがNHKによる歌謡の録音に対応（翌年に刊行された日本放送協会放送文化研究所編『アイヌ歌謡集　第二集』に収録）。

一九四九（昭和二四）五　司馬力彌らが函館桜祭で熊祭りを実施。

一九五一（昭和二六）一〇・二八　司馬力彌らが知里真志保の調査に対応。

一九五四（昭和二九）　司馬力彌死去。

一九五五（昭和三〇）四・三〇　長万部町のH・Sが服部四郎、知里真志保の言語学調査に対応。

椎久年蔵が服部四郎、知里真志保の言語学調査に対応。

一二・一〇　椎久年蔵が更科源蔵の民族誌調査に対応（〜一一日）。

一二・一一　長万部町のO・Tが更科源蔵の民族誌調査に対応。

一九五六（昭和三一）三・二四　椎久年蔵が更科源蔵の二度目の民族誌調査に対応し、鯨送りの儀礼を再現する（〜二五日）。

三・二五　長万部町のO・Tが更科源蔵の二度目の調査に対応。

一九五八（昭和三三）三・二七　椎久年蔵死去。

一九六〇（昭和三五）四・一〇　北海道アイヌ協会再建総会。

一九六一（昭和三六）四・一三　北海道アイヌ協会が差別への懸念を理由として北海道ウタリ協会と名称を改める。

四・二九　長万部町の司馬ハルらがＮＨＫ「アイヌ伝統音楽」の録音に参加（一九六五年に刊行された日本放送協会編『アイヌ伝統音楽』に一部が収録）。

一九六三（昭和三八）　司馬ハル死去。葬儀の模様を掛川源一郎が撮影。

一九八四（昭和五九）五・二七　北海道ウタリ協会が「アイヌ民族に関する法律（案）」を決議。

八　北海道ウタリ協会八雲支部が八雲墓地内に「先駆者ウタリ鎮魂之碑」を建立。

一九九〇（平成二）三・七　司馬菊正が切替英雄の言語、民族誌調査に対応。

一九九五（平成七）　一九三五（昭和一〇）年に北海道帝国大学に持ち去られ、のちに町に返還されていた落部村アイヌ遺骨盗掘事件の石碑が「先駆者ウタリ鎮魂之碑」横に移設される。

一九九七（平成九）七・一　「**アイヌ文化の振興並びにアイヌの伝統等に関する知識の普及及び啓発に関する法律**」（**アイヌ文化振興法**）施行。

二〇〇七（平成一九）九・一三　「**先住民族の権利に関する国連宣言**」採択（日本政府は賛成）。

二〇〇八（平成二〇）六・六　衆参両院本会議にて「**アイヌ民族を先住民族とすることを求める決議**」可決。

二〇〇九（平成二一）七・二九　前年の国会決議を受けて組織された「**アイヌ政策のあり方に関する有識者懇談会**」報告書提出。そのなかで「民族共生の象徴となる空間」の構想が提唱される。

二〇一二（平成二四）七・三一　アイヌ政策関係省庁連絡会議が『「民族共生の象徴となる空間」基本構想』をとりまとめる。

二〇一九（平成三一）五・二四　「**アイヌの人々の誇りが尊重される社会を実現するための施策の推進に関する法**

律」（**アイヌ施策推進法**）施行。

二〇二〇（令和二）　七・一二　白老町に民族共生象徴空間（愛称：ウポポイ）オープン。

＊本年表中の一部の人名について、個人情報に配慮してイニシャル表記とした。

あとがき

二〇一五年に博物館という場に職を得てアイヌに関する調査・研究・展示に携わるようになってから、数多くの「アイヌ風俗写真」を扱ってきた。おもな担当分野は「民族誌資料」とよばれる物質資料なのだが、展示室にそうしたモノだけをならべていても、来館者に使用されていた状況を伝えることはむずかしい。衣服や装身具はどのように身に着けたのか、狩猟具はどのような姿勢で構えたのか。文章にすると冗長になりがちなそうした情報を、一目でわかりやすく示すツールとしての使い勝手の良さが写真にはある。より鮮明な、よりわかりやすい理想的な資料を求めて、日々の業務の合間をぬって各地の博物館や図書館の画像データベースを検索し、休日には古書店をめぐって古い写真集や絵葉書を捜すようになった。

しかし、そうして手元に集まったデータを整理していくうちに、外部からの調査の対象となり、資料が収集され、写真が写されたのはアイヌが暮らしていた集落のごく一部であり、その視野の外側には調べられることも写されることもないまま認識から抜け落ちていった人びとが数多く存在していたことが気にかかりはじめた。また、民具の本来の持ち主や「アイヌ風俗写真」の被写体となった個々人に関する記録をたどる過程をへて、みずからの目の前にあるものは一人ひとりの人生から外部が関心をもって切り抜いたものにすぎないということも、強く意識されるようになってきた。

博物館が生み出してきたアイヌのイメージは、明治、大正、昭和のアイヌの暮らしから、当時の研究者が人類学的な「標本」としての価値を認めた「アイヌらしい」ものだけをひろい集め、再構成したものにすぎない。しかし、展示を見た人たちはそれこそがアイヌの姿だと受け取り、しばしば「どこに行けばこういう暮らしをしている人たちに会えますか?」という質問をするようになってしまう。アイヌに対する理解を深めるはずの取り組みが、その意図とは正反対に、アイヌに対する固定的なイメージを増幅させ、偏見をつくり出し続けてきた側面がある。北海道外からの観光客が、私の目の前で彫刻に打ちこむ工芸家に向かって「原住民の村はどこですか」という言葉を発したのは、わずか数年前のことだ。

しかし、安易に「こういった暮らしをしている人は、今はいません」と言ってしまえば、「では、アイヌはもう滅びたんですね」という新たな誤解が生じるだけだ。「これらのモノが集められ、写真が写された当時も、皆さんがイメージするような暮らしをしている人はいなかったのです」などという軽率な説明を加えれば、今度は「じゃあ、この写真はウソなんですね」、「あなたたちはニセモノを展示しているんですか」という言葉を聞かねばならないことになる。

いわゆる「アイヌ文化」を「研究者がつくり出した幻想」、「夢想」などと切って捨てたり、「つくられたアイヌ文化」といったセンセーショナルなコピーで否定することも、あってはならないだろう。集められたモノ、写された一枚一枚の写真は、間違いなくその時、その場所に存在した事実のある側面を反映している。そしてそれらは今を生きる一人ひとりのアイヌにとって、先祖にまつわる大切な記憶でもあるからだ。今必要なのは、それらを消滅の寸前で辛うじて救い出された「人類学的な貴重な資料」とみなす視点から脱却し、時代の中のそれぞれの時点におけるアイヌの暮らしの中に位置づけ直していくことにより、「過去」と「現在」、「伝統」と「同化」に二分されてしまったアイヌのイメージを、通時的な変遷として再構成することだ。そうした作業を通じて、人類学的な「標本」として形づくられた静的な「文化」から、一人ひとりの人間が生きた動態としての「歴史」へ、アイヌに対する社会の認知を刷新していかなければならない。

本書のうち第一章と第二章は、二〇二〇年に発表した「渡島半島のアイヌ社会と民具資料収集者の視野——旧開拓使函館支庁管轄地域を中心として——」と、二〇二四年に発表した「一八七六年奥羽巡幸の奉迎に立ったアイヌの姿――「対雁に移る途上、小樽に上陸した樺太アイヌ一行」説の訂正――」という二本の論文を基礎にしている。第四章は二〇二三年に市立函館博物館の大矢京右さんと共同でまとめた「市立函館博物館が所蔵する噴火湾アイヌの木幣について――資料情報を復元・再検討する試み――」、第五章は二〇二〇年に同じ職場に勤める小川正人さんと共同でまとめた「アイヌ文化展示施設「エカシケンル」関連の新資料――二〇一九年度新収蔵資料の紹介――」をもとにした部分がある。司馬力彌さんと椎久年蔵さんに関する部分は、二〇二一年に私が主担当者となり北海道博物館と群馬県立歴史博物館を会場に開催した企画展「アイヌのくらし」を準備する中で調べ、図録に盛りこんだ内容がふくまれている。いずれも部分的な断片をのぞいてほとんど跡形もなく改稿しており、再録というには当たらないが、結果的に本書は、私が近年進めてきた作業を改めて写真を軸に再構成し、曲がりなりにも一つにまとめたものとなった。このような機会を与えて下さり、拙い文章を一つひとつ丁寧に見て下さった新泉社の川嶋陶子さんに、心より感謝申し上げたい。

本書につながる研究の過程では、長万部アイヌ協会の司馬哲也会長ご夫妻、八雲アイヌ協会の椎久健夫会長、弁開凧次郎さんのご遺族をはじめとする多くの方々からの温かいご支援とご助力を賜わった。この場を借りて衷心より感謝の意を表したい。

新妻達雄さんからは、私が古写真に関する成果を発表するたびに丁寧なコメントを頂いている。膨大な収集資料を惜しげもなく共有してくださった新妻さんのご厚意と、度重なる知識の交換の機会がなければ、私の研究は現在の地点まで到達することもなかったに違いない。今回もいくつもの貴重な写真を提供して頂いており、ここに深く感謝申し上げる次第である。

国立アイヌ民族博物館設立準備の過程からさまざまな機会に仕事をご一緒させて頂き、そのたびに多くのご指導を頂いた谷本晃久先生、アイヌの近現代の経験について日常的な議論の中から多くを学ばせて頂いているマーク・ウィンチェスターさん、石原真衣さん、八谷麻衣さん、奥田統己先生にも、お礼申し上げる。

このほかにも多数の方々のお力添えを頂いた。本来であればすべての方々のお名前を挙げて謝意を述べるべきであるが、あまりにも多くの方々のお世話になったためにそれが叶わない。今は一人ひとりのお顔を想起しつつ、心よりお礼申し上げたい。

大坂　拓

二〇二五年二月　雪深い札幌にて

大坂 拓◎おおさか・たく

一九八三年、北海道生まれ。
明治大学大学院文学研究科博士後期課程退学。宮城県教育庁文化財保護課技師を経て、現在は北海道博物館アイヌ民族文化研究センター学芸主査。国立アイヌ民族博物館展示検討委員会委員、国立民族学博物館学術資源研究開発センター特別客員教員、国立歴史民俗博物館総合展示第5室・第6室リニューアル委員会委員などを務める。

主な著作
『アイヌのくらし――時代・地域・さまざまな姿』(共編、二〇二一年)、「北海道地券発行条例によるアイヌ民族「住居ノ地所」の官有地第三種編入について――札幌県作成「官有地調」の検討を中心として――」(『北方人文研究』第16号、二〇二三年)ほか。

写真が語るアイヌの近代
「見せる」「見られる」のはざま

二〇二五年三月二五日　第一版第一刷発行

著　者　大坂　拓

発行所　新泉社
東京都文京区湯島一－二－五　聖堂前ビル
電話　〇三－五二九六－九六二〇
ファックス　〇三－五二九六－九六二一

印刷・製本　萩原印刷株式会社

ISBN978-4-7877-2409-0 C1021

ブックデザイン――堀渕伸治◎tee graphics

つながるアイヌ考古学

関根達人 著　A5判二〇八頁／二五〇〇円＋税

大陸、サハリン、日本列島……文化の交差点で生きた人々の選択とは？

古代の北海道では、縄文文化の流れをくむ擦文文化やオホーツク海沿岸の文化が展開していた。一二世紀以降、そこに本州のヤマト文化、さらに大陸北方民族の文化が合わさることで生まれたアイヌ文化。その実像にせまる。